Reinhold Gravelmann

Unbegleitete minderjährige Flüchtlinge in der Kinder- und Jugendhilfe

Orientierung für die praktische Arbeit

2., aktualisierte Auflage

Mit 5 Abbildungen

Ernst Reinhardt Verlag München Basel

Reinhold Gravelmann, Hannover, ist Dipl.-Sozialpädagoge (FHS) und Dipl.-Pädagoge (Uni). Er arbeitet seit über 30 Jahren in der Kinder- und Jugendhilfe, v.a. im Bereich Integration migrierter Jugendlicher. Als Referent beim AFET-Bundesverband für Erziehungshilfe e.V. ist er seit 2010 u.a. mit unbegleiteten minderjährigen Flüchtlingen befasst.

Bibliografische Information der Deutschen Nationalbibliothek

Die Deutsche Nationalbibliothek verzeichnet diese Publikation in der Deutschen Nationalbibliografie; detaillierte bibliografische Daten sind im Internet über <http://dnb.d-nb.de> abrufbar.
    ISBN 978-3-497-02701-9 (Print)
    ISBN 978-3-497-60395-4 (PDF)

2., aktualisierte Auflage

© 2017 by Ernst Reinhardt, GmbH & Co KG, Verlag, München

Dieses Werk, einschließlich aller seiner Teile, ist urheberrechtlich geschützt. Jede Verwertung außerhalb der engen Grenzen des Urheberrechtsgesetzes ist ohne schriftliche Zustimmung der Ernst Reinhardt GmbH & Co KG, München, unzulässig und strafbar. Das gilt insbesondere für Vervielfältigungen, Übersetzungen in andere Sprachen, Mikroverfilmungen und für die Einspeicherung und Verarbeitung in elektronischen Systemen.

Printed in EU
Cover unter Verwendung eines Fotos von © Kzenon/Fotolia.com
Satz: JÖRG KALIES – Satz, Layout, Grafik & Druck, Unterumbach

Ernst Reinhardt Verlag, Kemnatenstr. 46, D-80639 München
Net: www.reinhardt-verlag.de E-Mail: info@reinhardt-verlag.de

Inhalt

1	Vorbemerkungen	9
2	Unbegleitete minderjährige Flüchtlinge als neue Herausforderung für Politik, Gesellschaft sowie die Kinder- und Jugendhilfe	11
2.1	Unbegleitete minderjährige Flüchtlinge – Um wen geht es?	12
2.2	Flucht und Aufnahme	13
2.3	Herkunft der jungen Flüchtlinge	14
2.4	Fluchtgründe	15
2.5	Welche Jugendlichen kommen?	17
2.6	Warum werden unbegleitete minderjährige Flüchtlinge aufgenommen?	19
2.7	Asyl- und Ausländerrecht	20
	Asylrecht	*21*
	Ausländerrecht	*23*
2.8	Ankommen im Aufnahmeland	26
	Zwischen Willkommenskultur und Rassismus	*28*
	Zwischen Diktatur und Demokratie	*29*
	Zwischen Konsum und Begrenztheit	*29*
	Zwischen Geduld und Ungeduld	*30*
	Zwischen Pädagogik und Ausländerrecht	*31*
	Zwischen Hoffnung und Enttäuschung	*31*
3	Zuständigkeit der Kinder- und Jugendhilfe	34
3.1	Umgang der Kinder- und Jugendhilfe mit unbegleiteten minderjährigen Flüchtlingen	36
	Inobhutnahme	*36*
	Neufassung im SGB VIII	*37*

	Verteilung 39
3.2	Das Verfahren beim in Obhut nehmenden Jugendamt 41
	Verfahren der Altersfeststellung /Altersfestsetzung 42
	Methoden zur Altersfeststellung 43
	Rolle des Vormunds 44
3.3	Strukturelle Herausforderungen 46
	Unterbringungskonzepte in Folgeeinrichtungen 49
	Fachkonzepte 51
	Junge Flüchtlinge in Pflegefamilien 52
3.4	Praxisforschungsprojekte 53

4	**Grundlegende Anforderungen an die Fachkraft** 55
4.1	Kultursensibilität – Zur Relevanz kultureller Aspekte 55
	Kritik an kulturalistischer Sichtweise 56
	Sensibilisierung für die sozialen Lebensumstände 57
	Adoleszenz versus kultureller Zuschreibungen 59
	Aspekte kultureller Sozialisation 60
	Fachkräfte mit Zuwanderungsgeschichte 63
	Das Blatt gewendet – Die Sicht der jungen Flüchtlinge 64
4.2	Gestaltung von Kommunikationsprozessen............... 67
	Sprach- und Kulturmittler................................... 69
	Rolle von Dolmetschenden................................... 70
	Vernetzungsanforderungen 73
	Kommunikation durch neue Medien 75
4.3	Fortbildung und Qualifizierung 79

5	**Pädagogische Arbeit mit unbegleiteten minderjährigen Flüchtlingen**.. 87
5.1	Auf Vorerfahrungen mit Migration bauen 88
5.2	An bewährte pädagogische Standards anknüpfen......... 89
	Hilfeplanung 93
	Partizipation 96
	Ressourcenorientierung/Empowerment 99
	Verselbstständigungsphase 102
	Übergänge gestalten 105
	Freizeitpädagogik 107

Sportangebote *109*

6		**Spezifische pädagogische Herausforderungen im Kontext unbegleiteter minderjähriger Flüchtlinge** **112**
6.1		Relevanz von Sprache 112
		Unterstützungsmöglichkeiten durch die Fachkraft *113*
		Das Internet als multimediale Plattform mit Sprachlernoption *114*
		Ehrenamtliche als Sprachvermittler *115*
6.2		Traumata 120
		Traumata bei unbegleiteten minderjährigen Flüchtlingen *121*
		Auswirkungen von Traumata *123*
		Sekundäre Traumatisierungen............................ *124*
		Schutzfaktoren gegen Traumata *124*
		Therapie *126*
		Umgang mit Tod, Trauer und Trennung *126*
6.3		Spezifische Sozialisationsbedingungen.................. 131
		Gewalterfahrungen der minderjährigen Flüchtlinge *131*
		Erziehungsvorstellungen.................................. *133*
		Patriarchale Strukturen in den Herkunftsländern *134*
		Rolle der (abwesenden) Familien *136*
		Religiöse Verankerung *138*
6.4		Gefährdungen des Kindeswohls 139
		Gefährdungen durch Salafisten *141*
		Gefährdung durch Rechtsextremismus *142*
6.5		Problematisches Verhalten junger Flüchtlinge 143
7		**Herausforderung schulische und berufliche Integration** . **145**
7.1		Schulische Bildung 145
7.2		Außerschulische Bildung 148
7.3		Integration in den Arbeitsmarkt......................... 150
		Zugangsprobleme zum Arbeitsmarkt...................... *150*
		Rechtliche Begrenzungen *152*
		Hohe berufliche Ansprüche versus Ausgrenzung am Arbeitsmarkt... *152*
		Vorbereitung auf Arbeitsaufnahme *154*

	Zur Relevanz des Geldverdienens *154*
7.4	Ausbildung 155
	Ausbildung als Nonplusultra? *157*
7.5	Studium 158
7.6	Förderung der Arbeitsmarktintegration 159
8	**Schlussbemerkungen** **164**

Literatur **168**

Sachregister **181**

1 Vorbemerkungen

Die Themenfelder, die sich im Kontext der Zuwanderung unbegleiteter minderjähriger Flüchtlinge in der Kinder- und Jugendhilfe auftun, und die damit verbundenen Herausforderungen für die Akteure in Jugendämtern, Erziehungshilfeeinrichtungen und andern Feldern der Kinder- und Jugendhilfe sind komplex:

- Eine sehr große Anzahl von unbegleiteten minderjährigen Flüchtlingen ist innerhalb kürzester Zeit eingereist.
- Es mussten zusätzliche Strukturen in der Kinder- und Jugendhilfe geschaffen werden.
- Die jungen Menschen stammen aus unterschiedlichsten Ländern, was die Herausforderung noch erhöht.
- Die Jugendlichen lassen sich von ihrer sozialen Herkunft, ihrem sozialen Vermögen und den Bildungsvoraussetzungen nur teilweise mit der sonstigen Klientel der Kinder- und Jugendhilfe vergleichen.
- Neues Personal ist einzuarbeiten und zu qualifizieren.
- Fachkräfte sind mit den Erfahrungen von Flucht, Trennungs- und Verlustschmerzen konfrontiert.
- Ein Teil der jungen Flüchtlinge ist traumatisiert.
- Bestehende gesetzliche Rahmungen im Asyl- und Ausländerrecht erschweren die pädagogische Arbeit.
- Die gesellschaftliche Integration ist zu bewerkstelligen u. a. m.

Um alle Aufgaben im Interesse der jungen Flüchtlinge bewältigen zu können, sind auf der Ebene von Jugendämtern und Einrichtungsleitungen vielfältige Entscheidungen zu treffen und konzeptionelle Aufgaben zu lösen. Auf der Fachkräfteebene ist eine hohe und umfassende Kompetenz für die Arbeit mit unbegleiteten minderjährigen Flüchtlingen erforderlich. Fachkräfte stehen vor der Aufgabe, eine ganze Reihe von neuen Kenntnissen und Fertigkeiten zu erwerben (wobei allerdings oft nicht realisiert wird, dass viele grundlegende Standards der pädagogischen Arbeit anwendbar sind).

Mittlerweile gibt es eine Vielzahl von Veröffentlichungen und Büchern über unbegleitete minderjährige Flüchtlinge. Sie legen den Schwerpunkt vor allem auf rechtliche Fragen sowie Aspekte der Inobhutnahme. Zudem werden oft Beschreibungen von Einzelschicksalen geliefert oder Interviews mit einzelnen Personen oder Kleingruppen geführt. Auch das Thema Trauma wird berücksichtigt. Es finden sich jedoch noch wenige Hinweise in Bezug auf die konkrete Handlungsebene, hier fehlt vielerorts eine differenzierte, sozialpädagogische Auseinandersetzung.

Einen Beitrag zur Schließung dieser Lücke leistet das vorliegende Buch, das inhaltlich u. a. sprachliche, kulturelle und die Herkunft betreffende Aspekte beleuchtet. Des Weiteren geht es auf die schulische und berufliche Situation in Deutschland und vor allem auf die damit zusammenhängenden pädagogischen Fragestellungen ein. Relevante Hintergrundinformationen bilden hier die für eine Einordnung notwendige Basis. Das Buch enthält Beispiele zur Veranschaulichung, konkrete Anregungen, Tipps und Hinweise sowie Verweise auf relevante Internetseiten. Es kann ein Nachschlagewerk für den Alltag sein, wobei die einzelnen Kapitel jeweils für sich stehen und je nach Bedarf als Impuls- oder Ratgeber genutzt werden können.

Auch wenn sich einige Kapitel insbesondere auf die Erziehungshilfe beziehen, so sind die Inhalte sehr vieler Passagen und Kapitel problemlos auf andere Arbeitsfelder der Kinder- und Jugendhilfe (z. B. der Jugendarbeit, Jugendverbandsarbeit oder Jugendsozialarbeit) übertragbar. Gleiches gilt für verwandte pädagogische Felder (z. B. Bildungseinrichtungen). Die Fachkraft vor Ort bekommt ein umfangreiches Basiswissen vermittelt, das zu einer differenzierteren Sicht beitragen und vor allem konkrete Anregungen für die Arbeit mit den unbegleiteten minderjährigen Jugendlichen geben kann.

Angesichts der dynamischen Entwicklung lässt es sich nicht vermeiden, dass unter Umständen einzelne Passagen oder Hinweise in ihrer Aktualität eingeschränkte Gültigkeit besitzen.

Aus Gründen der Lesbarkeit ist das Buch in der männlichen Schreibweise verfasst.

2 Unbegleitete minderjährige Flüchtlinge als neue Herausforderung für Politik, Gesellschaft sowie die Kinder- und Jugendhilfe

„Manche lassen ihr ganzes Leben zurück. Um es zu behalten."
(Brot für die Welt 2016)

Flüchtlinge gibt es weltweit so viele wie noch nie. Die meisten von ihnen sind Binnenflüchtlinge oder suchen Zuflucht in Nachbarländern. Aber zunehmend kommen die Menschen aus Elends-, Kriegs- und Krisengebieten auch nach Europa, um für sich und ihre Familien Schutz vor Armut, Verfolgung und Krieg zu finden. Unter den Flüchtlingen befinden sich viele Kinder und Jugendliche, die mit Verwandten, einem Elternteil oder der gesamten Familie einreisen (UNHCR 2015).

Migration nach Deutschland ist nicht neu. Ob es sich um die sogenannten Gastarbeiter und später ihre Familien handelte, ob um Aussiedler oder um Flüchtlinge etwa zur Zeit des Jugoslawienkrieges — Deutschland war und ist ein Einwanderungsland. Relativ neu ist aber das Phänomen der Zuwanderung von jungen Menschen ohne ihre Eltern: unbegleitete ausländische minderjährige Flüchtlinge. Deren Anzahl ist schon in den Jahren 2009 bis 2013 ganz erheblich angestiegen und hat 2014 und 2015 eine weitere massive Steigerung erfahren (B-UMF 2015). Seit dem Jahr 2016 sind die Zahlen wieder rückläufig (B-UMF 2016b.). Diese jungen Flüchtlinge stellen eine besonders schutzbedürftige Gruppe dar, auf die sich Politik, Gesellschaft sowie die Kinder- und Jugendhilfe einstellen muss. Auf der praktischen Ebene sind die Fachkräfte gefragt, die zu einem Gelingen des Ankommens und der gesellschaftlichen Integration beitragen sollen und wollen.

2.1 Unbegleitete minderjährige Flüchtlinge – Um wen geht es?

Unbegleitete minderjährige Flüchtlinge sind laut einer Richtlinie des Rates der Europäischen Union „Drittstaatenangehörige oder Staatenlose unter 18 Jahren, die ohne Begleitung eines gesetzlich oder nach den Gepflogenheiten für sie verantwortlichen Erwachsenen in das Hoheitsgebiet eines Mitgliedstaates einreisen, solange sie nicht tatsächlich in die Obhut einer solchen Person genommen werden; hierzu gehören auch Minderjährige, die ohne Begleitung zurückgelassen werden, nachdem sie in das Hoheitsgebiet der Mitgliedsstaaten eingereist sind" (Parusel 2009, 13).

Für die jungen Flüchtlinge werden in Deutschland unterschiedliche Bezeichnungen verwendet. Vom Bundesministerium für Frauen, Senioren, Familie und Jugend wurde im Zusammenhang mit dem „Gesetz zur Verbesserung der Unterbringung, Versorgung und Betreuung ausländischer Kinder und Jugendlicher" der Begriff UMA – „unbegleitete minderjährige ausländische Kinder und Jugendliche" eingeführt (BMFSFJ 2015). Insbesondere von Kommunen und Jugendämtern wird dieser Begriff seitdem oft benutzt. Ansonsten werden sie als „unbegleitete Minderjährige" oder als „minderjährige unbegleitete Flüchtlinge" (MuF) betitelt. Teilweise wird von „separated children" gesprochen. Der Terminus „unbegleitete minderjährige Flüchtlinge" (UMF) ist der etablierteste und der am meisten vorzufindende, weshalb er hier angewandt werden soll. Auf die Nutzung einer Abkürzung wird im Rahmen des Buches verzichtet, denn „den Namen einer Behörde kann man kürzeln, aber hier geht es um Menschen" (Zeller 2015, 33).

In den USA ist die Zuwanderung junger Flüchtlinge über die mexikanische Grenze spätestens seit 2013 ein großes Thema. Die Taz titelte: „Der Kindertreck in die USA. 52000 Kinder sind in den letzten Monaten aus Mittelamerika in die Vereinigten Staaten geflüchtet – ohne ihre Eltern. Notunterkünfte überfüllt" (Hahn 2014, 1).

In Europa spielte die Zuwanderung von unbegleiteten minderjährigen Flüchtlingen in der gesellschaftlichen Debatte und der gesellschaftlichen Wahrnehmung bisher kaum eine Rolle. Aufgrund ihrer vergleichsweise geringen Zahl waren sie — auch in Deutschland — weniger im Fokus. Unbegleitete minderjährige ausländische Flüchtlinge sind zwar als besonders vulnerable Gruppe erkannt worden, ihr Schicksal war in der Skala relevanter Themen jedoch nicht an der Spitze zu verorten. Entsprechend fanden unbegleitete minderjährige Flüchtlinge selbst noch im Jahr 2013 im über 500 Seiten umfassenden 14. Kinder und Jugendbericht einer Sachverständigenkommission an die Bundesregierung keine Erwähnung (BMFSFJ 2013).

Doch mittlerweile ist auch denjenigen, die nicht beruflich mit jungen Flüchtlingen befasst sind, bewusst, wie viele verzweifelte junge Menschen sich allein auf den Weg machen, um den Bedingungen in den Herkunftsländern zu entkommen. Die ankommenden unbegleiteten minderjährigen Flüchtlinge stellen dabei keine homogene Gruppe dar, auch die (z. T. traumatisierenden) Erlebnisse in den Herkunftsländern und auf der Flucht sind unterschiedlich, ebenso wie die individuellen Ressourcen und Kompetenzen. Eine differenzierte Betrachtungsweise muss diese Unterschiede in der praktischen Arbeit berücksichtigen.

2.2 Flucht und Aufnahme

Die unbegleiteten minderjährigen Flüchtlinge kommen zumeist mithilfe von Schleppern und Schleusern nach Europa. Sie organisieren für die Jugendlichen die Flucht, wofür sie Summen von 3000 bis zu 20000 Euro verlangen (Fesenmeier 2016) — Geld, das wohlhabende Eltern aufbringen können, das andere durch Verkauf von Hab und Gut beschaffen oder das sie sich z. B. bei Verwandten und Bekannten leihen. Unterwegs müssen sich die Flüchtlingskinder durchschlagen. Sie müssen (meist ausbeuterische) Gelegenheitsjobs annehmen oder Diebstähle begehen. Auch Prostitution spielt eine Rolle. Die meist monatelange Flucht ist für die Jugendlichen extrem belastend, weil sie schutzlos allen Gefahren ausgeliefert sind. Sie müssen einen strapaziösen und gefährlichen Weg hinter sich bringen und oft Schlimmes durchleben. Neben den Erfahrungen im Herkunftsland kann die Flucht eine zusätzliche Traumatisierung bedeuten.

Während der Flucht und im Ankunftsland sind sie als Unbegleitete und zudem als Minderjährige auf sich allein gestellt; stützende familiäre Strukturen fehlen. Die Verbindungen in die Herkunftsländer und die dortigen Netzwerke sind für die jungen Flüchtlinge gekappt, neue Kontakte und Beziehungen müssen in Deutschland in einem neuen Umfeld wieder aufgebaut werden. Oft sind Fachkräfte der Jugendhilfe die ersten Anknüpfungspunkte für die Ermöglichung neuer Beziehungen oder werden selber zu zentralen Bezugspersonen.

2.3 Herkunft der jungen Flüchtlinge

Einen nicht unerheblichen Einfluss auf die Arbeit mit minderjährigen unbegleiteten Flüchtlingen haben die Vielzahl der Herkunftsländer, die Sprachenvielfalt, die unterschiedlichen Fluchtgründe und -erfahrungen, die jeweilige soziale Herkunft sowie die kulturellen und religiösen Hintergründe, die die Jugendlichen mitbringen. Die Jugendämter, die Einrichtungen und die Fachkräfte sollten entsprechend flexibel reagieren und Rahmenbedingungen herstellen, die den Bedarfen gerecht werden. So musste sich beispielsweise der Diakonieverbund Schweicheln e. V. innerhalb kürzester Zeit auf Jugendliche im Alter von zwölf bis achtzehn Jahren aus 16 verschiedenen Nationen einstellen. Darunter waren Länder, in denen Gewalttaten an der Tagesordnung sind, wie Afghanistan, Syrien und der Irak (48 junge Flüchtlinge), Staaten des afrikanischen Kontinents, wo die Gründe für die Flucht vielfältiger sind (neun Länder, 38 Kinder und Jugendliche), aber vereinzelt auch aus Asien oder Europa (so kamen aus Albanien 16 unbegleitete Kinder und Jugendliche) (Diakonieverbund Schweicheln 2015). In den Einrichtungen des PARITÄTISCHEN in Baden-Württemberg waren bei 270 Aufnahmen Jugendliche aus 32 Herkunftsländern vertreten (Kohlbach 2015).

In Bezug auf die unbegleiteten Kinder und Jugendlichen, die einen Antrag auf Asyl gestellt haben, weist das Bundesamt für Migration folgende Zahlen aus: 23,9 % stammen aus Afghanistan, 21,0 % aus Eritrea, 14,9 % aus Syrien, 12,9 % aus Somalia, 3,3 % aus dem Irak, 24 % aus sonstigen Ländern (BAMF 2015).

Für die Fachkraft gilt zu bedenken, dass es innerhalb der Länder, aus denen die unbegleiteten Minderjährigen kommen, ein breites Spektrum an sozialen Lebenslagen, kulturellen Milieus, Religionen und Sprachen gibt.

2.4 Fluchtgründe

Viele Fluchtursachen lassen sich durch die Berichte der Jugendlichen und durch Betrachtung der Lebensbedingungen in den Herkunftsländern eindeutig identifizieren. (Bürger)Kriege, Krisen, Unruhen und (oft ethnische oder religiöse) Konflikte, aber auch politische Gründe wie (drohende) Verfolgung sind ursächlich. Außerdem spielen Armut oder Naturkatastrophen eine Rolle. Häufig werden allgemein fehlende Zukunftsperspektiven genannt. Darüber hinaus gibt es kinder- oder jugendspezifische Fluchtgründe wie Ausbeutung, Sklaverei oder Kinderarbeit, Verfolgung aufgrund von Kriegsdienstverweigerung oder wegen (drohender) Zwangsrekrutierung als Kindersoldat. Insbesondere bei den Mädchen und jungen Frauen kommen beispielsweise (drohende) Genitalverstümmelung, Zwangsheirat, sexueller Missbrauch oder Zwangsprostitution hinzu. Zudem werden Jugendliche bewusst nach Europa geschickt, um hier Sicherheit zu finden und/oder später durch Geldüberweisungen zum Lebensunterhalt der Familie beizutragen. Auch kann eine Tötung der Eltern oder eine Trennung der Familien z. B. durch Verhaftungen ein Grund sein oder dass Minderjährige zu Waisen wurden und für sich im Herkunftsland keine Perspektive mehr sehen (Parusel 2009).

Das European Migration Network gibt außerdem zu Bedenken, dass unbegleitete Kinder auch Opfer von Menschenhandel sein können (Parusel 2009).

In der Diskussion wird darüber hinaus zuweilen auch von „Anker-Kindern" gesprochen. Gemeint ist, dass sie vorgeschickt werden, damit ihre Eltern und/oder Geschwister nach einer Anerkennung nachziehen können.

Relevanz für die Fachkraft

Welche Relevanz hat dieses Wissen für eine Fachkraft im Umgang mit unbegleiteten minderjährigen Flüchtlingen? Fachkräfte sollten ihren fachlich-pädagogischen Auftrag kennen, aber auch den gesamtgesellschaftlichen Rahmen ihres Handelns erfassen, also über politisches Bewusstsein verfügen, welches in die Urteilsbildung für die praktische Arbeit einfließt. Sicherlich kann eine Fachkraft nicht im Detail die Lebensbedingungen erfassen, sich mit jedem Herkunftsland intensiv auseinander setzen oder sich über die verschiedenen kulturellen und religiösen Einflussfaktoren differenziert informieren. Aber mindestens ein gutes Basiswissen ist notwendig und sehr hilfreich für pädagogisches Handeln:

- Die unbegleiteten Flüchtlinge haben ihre Kindheit in ihrer Familie in einem völlig anderen Lebensraum verbracht. Für das Verstehen dieser Jugendlichen ist es erforderlich, ihre Vorerfahrungen und die konkrete Lebenssituation im Herkunftsland möglichst gut zu kennen. Es gilt, eine aktive Auseinandersetzung mit dem Herkunftskultur zu fördern – auch damit die Kinder und Jugendlichen ein differenziertes Bild von ihrer eigenen Sozialisation entwickeln können. Es gilt, positiv konnotierte Erinnerungen ebenso in den Blick zu nehmen wie negative Ereignisse.
- Je mehr Kenntnisse über die politischen, wirtschaftlichen, religiösen, kriegerischen Zustände in den Herkunftsländern vorhanden sind, je mehr eine Auseinandersetzung mit der/ den Herkunftskultur(en) erfolgt, je mehr über die bisherigen Lebensverhältnisse bekannt ist, je mehr über dramatische Erlebnisse erfahren wird, umso angemessener, sensibler und zielgerichteter kann die Fachkraft (re)agieren.
- Dem Jugendlichen wird durch das Interesse an seinem Herkunftsland, seiner Sozialisation und seinen Erfahrungen signalisiert, dass sein bisheriges Leben nicht von heute auf morgen bedeutungslos geworden ist und er nicht nur als geschichtsloser Neuankömmling wahrgenommen wird. Somit

wird eine wichtige Gesprächsbasis geschaffen und vor allem ist das Interesse ein wichtiger „Türöffner" für das Entstehen von Vertrauen, weil es dem jungen Flüchtling das Gefühl vermittelt, als Individuum wahrgenommen zu werden. Nicht nur „Wissen" ist relevant, sondern vor allem auch (er)fragende Neugier seitens der Fachkraft.
- Die Fachkraft sollte sich bewusst sein, dass die Fluchterfahrungen selbst dann, wenn es keine schwerwiegenden Übergriffe oder negative Erfahrungen gegeben haben sollte, ein einschneidendes Ereignis darstellen. Allein die Trennung von der Familie wiegt schwer, hinzu kommen Ungewissheit und Ängste während der Flucht, das monatelange Leben unter schwierigen und schwierigsten Bedingungen. Quälende Fragen beschäftigen die jungen Flüchtlinge. „Werde ich mein Ziel erreichen?", „Komme ich in einem fremden Land mit anderer Kultur und Sprache zurecht?", „Schaffe ich es, meine schlimmen Erfahrungen hinter mir zu lassen und ein neues Leben aufzubauen?", „Kann ich Freunde finden?", „Gelingt es mir, meine Trauer über den Abschied zu überwinden?", „Kann ich die Erwartungen der zurückgebliebenen Familie erfüllen?", „Werde ich im Zufluchtsland bleiben können?" Die damit zusammenhängenden Belastungsfaktoren bleiben nicht ohne Wirkung auf die Jugendlichen und sind pädagogisch (ggf. therapeutisch) aufzuarbeiten.

2.5 Welche Jugendlichen kommen?

Hinter den Beschreibungen und Statistiken verbergen sich Menschen-, Familien- und Kinderschicksale, mit denen die Fachkräfte konfrontiert sind.

Es gibt Lebensgeschichten, die eher unproblematisch sind (oder zumindest auf den ersten Blick so erscheinen), und die ein Bild von zielstrebigen, fleißigen und höflichen Jugendlichen zeigen. Es sind junge Menschen, mit denen die Kinder- und Jugendhilfe bisher wenig zu tun hatte. Sie sind nicht zum „typischen" Klientel der Jugendhilfe zu zählen.

> **BEISPIELE**
>
> **Positive Erfahrungen**
> „Sie kommen aus guten Verhältnissen, haben es geschafft und von heute auf morgen ist durch den Krieg alles kaputt! […] Mahmut ist schon gut integriert, intelligent. Er nimmt unser Projekt sehr ernst, ich bin begeistert. Er schafft seinem Berufsschulabschluss und vielleicht auch sein Fachabitur." Mahmut gibt an, er wolle nach der Berufsschule die Universität besuchen, Medizin studieren oder Ingenieurwissenschaften."
> (Diakonieverbund Schweicheln 2015, 10)
> „Er (Abdulasis), Eddi und Resa hungern geradezu nach Bildung. Ihr Fleiß, aber auch ihre Höflichkeit, ihr respektvoller Umgang, ihre zuvorkommende Art: all das hinterlässt Spuren bei den deutschen Mitbewohnern, so dass die jungen Flüchtlinge eine große Bereicherung sind." (Diakonieverbund Schweicheln 2015, 15)

In einem Artikel der Hannoverschen Allgemeinen Zeitung wird von einem jungen Syrer berichtet. Er hat bei einer Bundesministerin eine Bleibe gefunden, absolviert eine Ausbildung als Pilot (eine ausgesprochen anspruchsvolle Ausbildung!), er hilft selbst anderen Flüchtlingen und verzichtet, weil er aus einer wohlhabenden Familie stammt, auf finanzielle staatliche Unterstützung seitens deutscher Behörden. Die Ministerin schwärmt, das Beispiel zeige, „wie viel Kraft in so jungen Flüchtlingen steckt, wenn wir ihnen am Anfang Zuversicht geben. So viele Flüchtlinge wollen Fuß fassen und etwas in Deutschland schaffen. Diesen Schwung sollten wir aufnehmen und fördern, dann gelingt Integration" (Andresen/Hase 2015, 1).

> **BEISPIELE**
>
> **Negative Erfahrungen**
> Es gibt aber auch Berichte, die ein anderes Bild zeichnen: „Unsere bisherigen Erfahrungen sind so vielfältig wie die Jugendlichen. […] Wir erleben auch hoch aggressive Jugendliche, die die Möbel aus dem Fenster werfen, ganz anspruchsvolle, die nur die Sachen von NIKE bereit sind zu tragen und die weder saubermachen wollen noch Wäsche waschen oder kochen und welche, die sofort wieder gehen." (Diakonieverbund Schweicheln 2015, 9)
> „Die Afrikaner begannen zu randalieren und Möbelstücke durch den Raum zu werfen. […] Der siebzehnjährige, aus Somalia stammende Morlit geriet im Nebenraum in Panik und wollte sich mit einem Sprung aus dem Fenster das Leben nehmen. Ein Mitbewohner bekam noch den Saum von Morlits Jeansjacke zu fassen. Mit zwei Helfern zog er ihn ins Zimmer zurück, die junge Betreuerin warf sich auf Morlit, um ihn zu bändigen. […] Einige der Minderjährigen gelten als suizidgefährdet, jeder Dritte ist Bettnässer, viele sind wie Morlit schwer traumatisiert, alle haben Schlafstörungen." (Neumann 2015, 40)

Die jungen unbegleiteten minderjährigen Flüchtlinge sind zu 90 % männlich. Die große Mehrheit von 70 % ist zwischen 16 und 17 Jahre alt (Presse- und Informationsdienst der Bundesregierung 2015).

2.6 Warum werden unbegleitete minderjährige Flüchtlinge aufgenommen?

Die in Deutschland erlassenen Gesetze für junge minderjährige Flüchtlinge haben als Hintergrund das 1989 von der Generalversammlung der UN verabschiedete Übereinkommen über die Rechte des Kindes (kurz: die Kinderrechtskonvention). Es ist das wichtigste internationale Menschenrechtsinstrumentarium für Kinder.

Ein Kind, das nicht — oder nicht mehr — in seiner Familie aufwachsen kann, hat nach Artikel 20 Absatz 1 „Anspruch auf den besonderen Schutz und Beistand des Staates". Dies beinhaltet eine Betreuung der Kinder nach den Maßgaben des innerstaatlichen Rechts.

Hilfe zur Rechtswahrnehmung kann insbesondere notwendig werden, wenn ein Flüchtlingskind unbegleitet eingereist ist oder wenn es aus anderen Gründen durch keinen Elternteil oder sonst Sorgeberechtigten betreut wird. In solchen Fällen ist es Aufgabe der Jugendbehörden und des Familiengerichts, die zur Abwendung von Gefahren für das Kind gebotenen Maßnahmen zu treffen. Diese können beispielsweise darin bestehen, dass das Kind in einer Familie oder in einem Heim untergebracht wird. Zu diesem Zweck kann ihm nach § 1666 BGB ein Vormund bestellt werden.

Bei der Wahl der Betreuungssettings „sind die erwünschte Kontinuität in der Erziehung des Kindes sowie die ethnische, religiöse, kulturelle und sprachliche Herkunft des Kindes gebührend zu berücksichtigen" (Art. 20, Abs. 3).

Der Inhalt der UN-Kinderrechtskonvention wurde fast wortgleich in den Artikel 24 Absatz 2 der Europäischen Grundrechtecharta übernommen.

Von großer Bedeutung ist zudem, dass der Europäische Gerichtshof am 06.06.2013 geurteilt hat, dass das staatliche Rückführungsinteresse in ein Erstaufnahmeland nachrangig gegenüber dem Kindeswohl ist. Somit verbleiben die Flüchtlingskinder an ihrem Zielort.

2.7 Asyl- und Ausländerrecht

Jede Zuwanderung erfolgt unter ausländerrechtlicher Rahmung. Diese ist höchst diffizil und unterliegt permanenten Änderungen aufgrund politischer oder gerichtlicher Entscheidungen. Das deutsche Recht kennt allein 18 verschiedene Aufenthaltsformen von der Duldung über die Aufenthaltsgestattung bis zur Aufenthaltserlaubnis (Parusel 2010) (2011 wurde zusätzlich der § 25a AufenthG. eingeführt) — ein komplexes Rechtsgefüge mit vielen Fallstricken sowohl für die Betroffenen als auch für Fachkräfte, die sich um zugewanderte Menschen bemühen. Die Kinder- und Jugendhilfe hat unter diesen Rahmenbedingungen zu arbeiten und junge Flüchtlinge zu unterstützen und sieht sich u. a. mit folgenden Fragestellungen konfrontiert:

- Welche Rechte hat ein unbegleiteter minderjähriger Flüchtling?
- Welche Rolle spielt die Ausländerbehörde?
- Welche Rechts(un)sicherheit besteht?
- Darf ein junger Flüchtling arbeiten, eine Ausbildung aufnehmen?
- Ist mit Abschiebung zu rechnen?
- Wie ändern sich die rechtlichen Bedingungen beim Erreichen des 18. Lebensjahres?

Asylrecht

Asylsuchende, denen nicht durch andere Regelungen etwa einer Kontingentlösung ein Bleiberecht gewährt wird, müssen beim Bundesamt für Migration und Flüchtlinge (BAMF) einen Asylantrag stellen und ein entsprechendes Asylverfahren durchlaufen.

Während eine Asylantragstellung früher als der einzige Weg galt, ein vorläufiges Aufenthaltsrecht (für die Dauer des Asylverfahrens) zu bekommen, raten soziale Dienste und Nichtregierungsorganisationen, die sich mit unbegleiteten Minderjährigen befassen, heute mitunter von einer Asylantragstellung ab, da es Minderjährigen oft schwer fällt, Asylgründe geltend zu machen bzw. nachvollziehbar vorzutragen. Auch das BAMF geht im Sinne des Kindeswohls davon aus, dass es in vielen Fällen sinnvoll sein kann, Minderjährigen die belastende Situation eines möglicherweise erfolglosen Asylverfahrens zu ersparen (Parusel 2009).

Wenn der unbegleitete minderjährige Flüchtling dennoch beim Bundesamt für Migration und Flüchtlinge einen Asylantrag stellt, so unterliegt er einem speziellen kindgerechtem Asylverfahren, welches weniger formal abläuft, das bei der Entscheidung über den Asylantrag kindspezifische Fluchtgründe berücksichtigt und durch speziell geschulte Sonderbeauftrage durchgeführt wird (Müller, A. 2014).

Der Vormund, der dem unbegleiteten minderjährigen Flüchtling vom in Obhut nehmenden Jugendamt zur Seite gestellt wird, hat die Aufgabe, den Jugendlichen hinsichtlich des Aufenthaltsrechts und Asylverfahren zu beraten (Achtung: Gemeint ist nicht das erst-in-Obhut-nehmende Jugendamt, sondern das Jugendamt, zu dem der Jugendliche eine Zuweisung erhalten hat.).

Ca. 38 % der unbegleiteten minderjährigen Flüchtlinge wählen den Weg des Asylverfahrens (Müller, A. 2014). Bei der Schutzquote ist ein erheblicher Anstieg zu verzeichnen. Lag diese 2010 noch bei 36,3 %, so betrug sie bei unbegleiteten Minderjährigen 2013 56,6 %. Je nach Herkunftsland sind die Bleibechancen stark differierend. Die höchsten Schutzquoten in 2013 erhielten unbegleitete minderjährige Flüchtlinge, wenn sie aus Syrien (98,3 %), Eritrea (80 %), Somalia (65,8 %) oder Afghanistan (64,9 %) geflohen sind. Kommen sie aus anderen Ländern, sind die Chancen auf Schutzgewährung deutlich geringer (Iran 50 %, Guinea 41,7 %, Irak 28,6 %, Serbien 3,8 %, Ägypten 0,0 %) (Müller, A. 2014). Dabei erfolgt die Anerkennung selten aufgrund politischer Verfolgung. Andere ausländerrechtliche Regelungen spielen die entscheidende Rolle (Zuerkennung der Flüchtlingseigenschaft nach § 3 AsylVfG, subsidiärer Schutz nach § 4 AsylVfG sowie Abschiebungsverbote nach § 60 Abs. 5 und 7 AufenthG) (Müller, A. 2014).

Einen großen Fortschritt für die unbegleiteten minderjährigen Flüchtlinge in Bezug auf das Asylverfahren in Deutschland stellt die mit dem „Gesetz zur Verbesserung der Unterbringung, Versorgung und Unterstützung ausländischer Kinder und Jugendlicher" verbundene Anhebung der Altersgrenze zur Begründung der Handlungsfähigkeit in ausländerrechtlichen Verfahren dar (BMFSFJ 2015, 18 f.). Bis 31.10.2015 musste ein Jugendlicher bereits ab 16 Jahren seine ausländerrechtlichen Angelegenheiten selbstständig regeln. Es gab im Asylverfahren keinen Beistand, etwa durch einen Vormund — ein unhaltbarer Zustand. Immer wieder, über Jahre hinweg, wurde von den meisten politischen Parteien sowie von allen Kinderschutz- und Kinderrechtsorganisationen sowie den Verbänden der Kinder- und Jugendhilfe die Abschaffung der Verfahrensfähigkeit ab dem 16. Lebensjahr gefordert (z. B. AFET-Bundesverband für Erziehungshilfe e. V., UNICEF, Bundesfachverband Unbegleitete Minderjährige Flüchtlinge u. a.).

📖 *Die Arbeitshilfe „Grundlagen des Asylverfahrens. Eine Arbeitshilfe für Beraterinnen und Berater", beinhaltet einen kompakten Überblick über die rechtlichen Grundlagen des Asylverfahrens. Sie richtet sich an alle, die Flüchtlinge vor, während oder auch nach Abschluss des Asylverfahrens beraten. Die Arbeitshilfe ist sehr praxisorientiert angelegt und enthält zahlreiche konkrete Tipps für die Beratungspraxis. www.migration.paritaet.org*

Allerdings muss an dieser Stelle noch mal darauf hingewiesen werden, dass nicht für alle unbegleiteten minderjährigen Flüchtlinge ein Asylverfahren Sinn macht.

Ausländerrecht

„Menschen sind nicht gleich, aber ihre Rechte", so postuliert Amnesty International in einer Kampagne (2014). Ein Irrtum. Es gilt für Ausländer in Deutschland ein anderes Recht: das Ausländerrecht. Es beschränkt die Rechte derjenigen, die nicht zu den Einheimischen gezählt werden. Ein Recht, das zwar nicht rechtlos macht, aber mit Nachteilen verbunden ist. Ausländer und Ausländerinnen dürfen nicht wählen (ausgenommen Kommunalwahlrecht für EU-Ausländer), viele Ausländer (insbesondere Asylsuchende und geduldete Menschen) haben einen eingeschränkten Zugang zum Arbeitsmarkt, manche Ausländer leben jahrelang in einem Duldungsstatus, ihre Kinder befinden sich in prekären Verhältnissen, sich illegal in Deutschland aufhaltende Menschen sind fast völlig rechtlos.

Diese Rechtlosigkeit gilt jedoch nicht für Flüchtlingskinder, da für alle Kinder unter 18 Jahren die UN-Kinderrechtskonvention greift. So haben z. B. auch diejenigen, deren Eltern sich illegal in Deutschland aufhalten, das Recht auf einen Schulbesuch. Die Leistungen der Kinder- und Jugendhilfe (SGB VIII) stehen grundsätzlich allen Kindern zu, sofern diese ihren gewöhnlichen Aufenthalt in Deutschland haben.

„*Ausländer können Leistungen nach diesem Buch nur beanspruchen, wenn sie rechtmäßig oder aufgrund einer ausländerrechtlichen Duldung ihren tatsächlichen Mittelpunkt der Lebensführung im Inland haben. Bei unbegleiteten ausländischen Kindern und Jugendlichen tritt an die Stelle des tatsächlichen Mittelpunkts der Lebensführung der tatsächliche Aufenthalt im Inland.*" (BMFSFJ 2015, 7)

Aber trotz diverser formalrechtlicher Ansprüche gibt es praktische Umsetzungsprobleme. Den unbegleiteten minderjährigen Flüchtlingen müssen die entsprechenden Gesetze und Rechte offensiv vermittelt und verständlich erklärt werden, damit der Zugang zu den Leistungen des SGB VIII möglich wird. Zudem ist die Kooperation zwischen Ausländerbehörden und der Jugendhilfe nicht immer unproblematisch. Gleichwohl haben beide den gemeinsamen Schutzauftrag „Kindeswohl" zu verfolgen.

Abb. 1: Gefangen und zerrieben zwischen Hoffnungen und Enttäuschungen, alter Heimat und neuer Heimat, Handlungsmöglichkeiten und Begrenzungen, Asylrecht und Pädagogik

Wichtig ist für die unbegleiteten minderjährigen Flüchtlinge (für andere Flüchtlinge selbstredend ebenso) die Klärung des Aufenthaltsstatus. Viele unbegleitete minderjährige Flüchtlinge erhalten durch die Ausländerbehörden nur eine Duldung, die jederzeit widerrufen werden kann. Der Duldungsstatus ist quasi die „Aussetzung der Abschiebung"; das heißt für den unbegleiteten minderjährigen Flüchtling, dass er zwar ausreisepflichtig ist, aber etwa aus humanitären Gründen nicht abgeschoben wird. Sobald das 18. Lebensjahr vollendet ist, wird die Abschiebebedrohung für den jungen Flüchtling jedoch deutlich höher. Dann kommt es darauf an, wie das Asylverfahren ausgeht oder ob er auf andere Art und Weise die Voraussetzungen für einen Aufenthaltstitel erfüllt. Ein unsicherer Aufenthaltstitel bedeutet für einen jungen Flüchtling eine enorme Belastung, da er mit der Angst der Abschiebung und einer unklaren Zukunftsperspektive leben muss. Selbstverständlich wirkt sich die unklare Perspektive auch auf den pädagogischen Alltag aus **(Abb. 1)**.

> **Hinweis: Möglichkeiten der Aufenthaltsverfestigung**
> Neben einem Antrag auf Asyl bestehen noch weitere Optionen. Eine Aufenthaltsverfestigung gemäß § 25a Abs. 1 AufenthG ist möglich,
>
> – wenn der junge Flüchtling sich im Bundesgebiet vier Jahre ununterbrochen erlaubt, geduldet oder mit einer Aufenthaltsgestattung aufgehalten hat,
> – wenn der Antrag vor Vollendung des 21. Lebensjahres erfolgt oder
> – wenn er mindestens vier Jahre erfolgreich eine deutsche Schule besucht oder einen anerkannten Schul- oder Berufsabschluss erworben hat.
>
> Des Weiteren kann sich der Aufenthalt verfestigen
>
> – durch Aufnahme einer Ausbildung vor dem 21. Lebensjahr (§ 60a AufenthG),

- durch Adoption,
- durch Schwangerschaft/Geburt von Kindern,
- durch Heirat mit einem deutschen Staatsangehörigen,
- durch Härtefallregelungen der Länder (Espenhorst 2014) oder
- durch ein Abschiebungsverbot nach § 60 Abs. 5 AufenthG, wenn die Abschiebung gegen Bestimmungen der Europäischen Menschenrechtskonvention verstoßen würde, weil der unbegleitete minderjährige Flüchtling im Zielstaat einer extremen Gefahr ausgesetzt wäre (Müller, A. 2014).

2.8 Ankommen im Aufnahmeland

Die Teilhabe- und Zukunftschancen der jungen Flüchtlinge sind sowohl von der Leistungs- und Integrationsbereitschaft sowie -fähigkeit der Jugendlichen als auch von den rechtlichen und gesellschaftlichen Rahmenbedingungen im Zufluchtsland bestimmt. Letztere sind zweifelsohne von ganz erheblicher Relevanz. Deshalb gilt es, diese Rahmenbedingungen zu gestalten. § 1 Sozialgesetzbuch VIII Abs. 3 Satz 1 fordert „die jungen Menschen in ihrer individuellen und sozialen Entwicklung zu fördern". Darüber hinaus soll Jugendhilfe dazu beitragen, „gesellschaftliche Benachteiligungen zu vermeiden oder abzubauen", weshalb es gilt, „positive Lebensbedingungen für junge Menschen und ihre Familien sowie eine kinder- und familienfreundliche Umwelt zu erhalten oder zu schaffen" (SGB VIII § 1 Abs. 3 Satz 4).

Es sind von verschiedensten Ministerien, Behörden, Organisationen, Wohlfahrtsverbänden, Verlagen, Fernseh- und Rundfunksendern, Landeszentralen für politische Bildung, Freiwilligeninitiativen, Flüchtlingsorganisationen, Hochschulen, Bildungseinrichtungen etc. Materialien herausgegeben worden, die das Einleben in Deutschland erleichtern sollen und die über die gesellschaftlichen Regeln und Gesetze informieren. Sie sind in diversen Sprachen erhältlich und zumeist kostenlos oder stehen als Download zur Verfügung.

⚤ Eine exemplarische Auflistung hilfreicher Materialien sollte in jeder Einrichtung vorrätig sein. Ebenso ist eine ständig aktualisierte Linkliste für relevante Seiten sinnvoll und hilfreich sowohl für die jungen Flüchtlinge als auch für die mit ihnen Arbeitenden. Einige Beispiele seien an dieser Stelle genannt:

- Der Bundesfachverband unbegleitete minderjährige Flüchtlinge hat eine **„Willkommensbroschüre"** *(www.b-umf.de, 07.04.2016) in verschiedenen Sprachen veröffentlicht. Darin finden junge Flüchtlinge wichtige Informationen zu ihrer ersten Zeit in Deutschland. Mit welchen Behörden, Ämtern und Organisationen haben sie zu tun? Was passiert alles in der ersten Zeit? Wer kümmert sich um sie? Und vor allem: Welche Rechte gibt es?*
- *Unter dem Stichwort* **„Deutschland für Anfänger"** *gibt es Kurzclips auf YouTube (www.youtube.com, 07.04.2016), die in deutscher und arabischer Sprache verschiedene Themen des Alltags behandeln.*
- *Aufgrund der großen Nachfrage für den* **„Refugee Guide"** *gibt es phasenweise Lieferengpässe. Auf der Homepage (www.refugeeguide. de, 07.04.2016) ist jedoch ein Download der Broschüre in verschiedenen Sprachen möglich.*
- *Die Orientierungshilfe der Bundeszentrale für politische Bildung heißt* **„Ankommen. Eine Orientierungshilfe für das Leben in Deutschland"** *(www.bpb.de, 19.04.2016). Sie ist in Deutsch, Englisch, Französisch, Arabisch, Pashto, Dari, Serbisch, Albanisch und Mazedonisch erhältlich. Darüber hinaus wird eine arabische Übersetzung des* **Grundgesetzes** *(„Grundgesetz für alle") angeboten.*
- *Eine eher unübersichtliche Homepage ist der Blog* **www.deutschewillkommenskultur.wordpress.com** *(07.04.2016), er beinhaltet aber brauchbare Informationen zu diversen Themenfeldern.*
- *Die Broschüre* **„Willkommen in Deutschland – Informationen für Zuwanderer"** *wird vom Bundesministerium des Innern und dem Bundesamt für Migration und Flüchtlinge herausgegeben (www.bmi.bund.de, 07.04.2016). Sie ist kostenlos erhältlich und steht auch als Download zur Verfügung. Die Broschüre gibt es in mehreren Sprachen, sie ist übersichtlich gegliedert und enthält viele Tipps.*

Zwischen Willkommenskultur und Rassismus

„Willkommen bei Freunden" heißt ein Programm der Bundesregierung, das zur Integration minderjähriger unbegleiteter Flüchtlinge beitragen soll. „Refugees welcome" wird den Flüchtlingen auf Schildern entgegengehalten, „Willkommenskultur" wurde in Österreich zum Wort des Jahres 2015 gewählt. Willkommenskultur wird hunderttausendfach praktiziert. Junge minderjährige Flüchtlinge merken dies z. B. durch Integrationsangebote in (Sport)Vereinen, Sachspenden jeglicher Art, durch die Übernahme von Patenschaften, angebotene Nachhilfestunden, Berufslotsen der Sprachförderangebote. Hier ist der Begriff „Welle" positiv besetzt. Eine Welle der Hilfsbereitschaft.

Eine Stimmung, die sich sicherlich förderlich auf die Entwicklung der jungen Flüchtlinge auswirkt. Wer sich willkommen fühlt, der ist eher in der Lage und eher bereit, sich auf die neue Situation einzulassen und optimistisch in die Zukunft zu schauen. Die Traumaforschung weiß um die Relevanz eines geschützten Ortes und des Gefühls, angenommen zu sein **(Kapitel 6.2)**.

Eine weitere Seite, die sich den Flüchtlingen zeigt, sieht deutlich anders aus. Viele Länder Europas forcieren eine Abschottungspolitik, ehemals mit Freuden abgerissene Zäune werden wieder aufgebaut, Flüchtlinge mit Gewalt abgehalten. Und diese Abwehrhaltung setzt sich innerhalb der Länder fort. Die rechten und rechtsradikalen Parteien erhalten massiven Zulauf, es wird demonstriert, gehetzt und die Zahl der Übergriffe und Brandanschläge steigt rapide. Allein 2015 gab es in Deutschland 1005 Übergriffe auf Flüchtlingsunterkünfte, eine Verfünffachung im Vergleich zum Vorjahr (Diehl 2016). Eine Welle des Hasses breitet sich aus.

Auch diese Welle bleibt den jungen Flüchtlingen nicht verborgen. Und sie zeigt ebenso Wirkungen. Sie schwappt gleichzeitig mit der Welle der Willkommenskultur in die Kommunen, Vereine, Schulen und Betriebe und trifft dort auf die jungen unbegleiteten Flüchtlinge (und alle anderen Flüchtlinge ebenfalls).

TIPP FÜR DIE FACHKRAFT

Im Betreuungskontext werden daher Fachkräfte benötigt, die in der Lage sind, sich mit den Wirkungen auseinanderzusetzen. Sie sollten Wissen über die Bewältigung von rassistischen Erfahrungen im Ankunftsland besitzen und einen Raum schaffen, in dem diese Situationen angesprochen werden können. Sprachlosigkeit angesichts der Fassungslosigkeit ist unbedingt zu verhindern. Darüber hinaus gilt es, den Ursachen und Mechanismen von Ausgrenzung, Diskriminierung und Fremdenfeindlichkeit entgegenzuwirken und entgegenzutreten. Soziale Arbeit hat sich lange Zeit als politisch verstanden, der Veränderungsanspruch an gesellschaftliche Rahmenbedingungen ist aber erkennbar in den Hintergrund gerückt. Vielleicht trägt die Polarisierung der Gesellschaft zu einer Re-Politisierung und einer eindeutigeren Positionierung der Akteure der Kinder- und Jugendhilfe bei? Dies wäre (auch) im Interesse der (jungen) Flüchtlinge wünschenswert.

Zwischen Diktatur und Demokratie

Viele Flüchtlinge stammen aus undemokratischen, diktatorischen oder autokratischen Ländern bzw. zerfallenden Staaten. Die Lebensbedingungen im Herkunftsland sind in keinster Weise vergleichbar mit den Verhältnissen in den Aufnahmeländern. Die Erfahrungen mit den staatlichen Systemen und den örtlichen Behörden sowie (Militär/Polizei)Apparaten waren zumeist negativ. Entsprechend vorsichtig, zuhaltend und abwartend wird auf Behörden und andere staatliche Organe in den Aufnahmeländern reagiert. Dies sollte im pädagogischen Arbeitsalltag bedacht werden.

Zwischen Konsum und Begrenztheit

Die jungen Flüchtlinge werden vielfältigen Reizen einer modernen Konsumgesellschaft ausgesetzt, auf die sie vorbereitet werden müssen.

„Besonders die Diskussion über Geld und Dinge, die man sich nicht leisten kann, nimmt immer wieder großen Raum bei den Gesprächen unter und mit den Jugendlichen ein." (Magistrat Marburg 2015, 20)

TIPP FÜR DIE FACHKRAFT

Als Stichworte für die pädagogische Arbeit im Rahmen von Verselbstständigung sind zu nennen: (Manipulation durch) Werbung, Vertragsabschlüsse und die rechtlichen Folgen, Risiken von Ratenzahlungen und Konsumkritik. Mangels finanzieller Möglichkeiten ist auch über Bedürfnisaufschub zu sprechen. Selbstverständlich sind weitere Themen denkbar.

Zwischen Geduld und Ungeduld

„Die bürokratischen Mühlen mahlen langsam" — eine Erfahrung, die die jungen Flüchtlinge erst machen müssen. Fast nichts geht so schnell wie erhofft. Zudem sind vielfältigste Gänge zwischen den Behörden notwendig. Allein in der Phase des Ankommens hat der Jugendliche mit diversen Einrichtungen und Ämtern zu tun, sei es mit der Ausländerbehörde, dem Bundesamt für Migration, dem Gesundheitsamt, dem Sozial- und Jugendamt, (Berufs)Schulen, Rechtsanwälten und Ärzten. Die jungen Flüchtlinge erwartet ein Irrgarten an Zuständigkeiten, ein hochkomplexes, arbeitsteiliges System mit zudem, auch für deutschsprachige Jugendliche, kaum verständlichen Formularen, Terminvorgaben und Regularien. Ein Verwirren, Verirren, Verheddern und Verstricken verbunden mit Resignation kann die Folge sein.

TIPP FÜR DIE FACHKRAFT

Eine Begleitung durch Fachkräfte und/oder Ehrenamtliche und/oder Dolmetscher ist unumgänglich. Zumindest der Versuch sollte unternommen werden, die jeweiligen Regeln und ihre Sinnhaftigkeit den jungen Menschen transparent zu machen. Autonomie kann in den ersten Jahren nach dem Ankommen – allein schon aus sprachlichen Gründen – nicht erwartet werden und würde eine Überforderung bedeuten.

Zwischen Pädagogik und Ausländerrecht

Bernd Parusel verweist darauf, dass die Zielstaaten unbegleiteter Minderjähriger ein Interesse daran haben, die Zuwanderung zu steuern und zu begrenzen. Auf der anderen Seite stehen Kinder unter besonderem Schutz, was durch internationale Übereinkommen wie die UN-Kinderrechtskonvention verbindlich festgelegt ist (Parusel 2015).

Der Spagat der Pädagogik zwischen Ausländerrecht und der Umsetzung pädagogischer Ansprüche ist gewaltig und nicht auflösbar. Die jungen Flüchtlinge müssen immer auch auf eine mögliche Ausweisung und Rückkehr in ihr Herkunftsland nach Vollendung des 18. Lebensjahres vorbereitet werden. Am Wahrscheinlichsten für viele junge Flüchtlinge ist, sofern sie nicht als asylberechtigt anerkannt werden, dass ihnen eine Duldung, also eine vorübergehende Aussetzung der Abschiebung erteilt wird oder dass sie eine Aufenthaltserlaubnis (einen befristeten Aufenthaltstitel) erhalten (Müller, A. 2014).

Zwischen Hoffnung und Enttäuschung

Die Berichte zeugen davon, dass viele junge unbegleitete Flüchtlinge schnell die von ihnen selbst oder ihren Eltern gesetzten Ziele erreichen möchten. Sie streben Schul- und Ausbildungsabschlüsse an oder wollen ein Studium aufnehmen, sie hoffen auf eine solide finanzielle Basis, eine eigene Wohnung u. a. m. Diese Erwartungshaltung wird sich in den allermeisten Fällen nicht erfüllen – zumindest nicht schnell. Podlech spricht davon, dass die Jugendlichen „völlig überhöhte und unrealistische Erwartungen" an ihr Leben im

Exil haben, was nach der Euphoriephase häufig zur Enttäuschung führe (Podlech 2003, 94). Das war 2003 — auch 2017 hat diese Einschätzung Bestand:

> *"Sie kommen aus einer in der Regel gänzlich anderen Lebenswirklichkeit mit Vorstellungen und Wünschen, die mit hiesigen Realitäten, vorsichtig formuliert, abzugleichen sind."* (Reuß, in Leipold 2015)

TIPP FÜR DIE FACHKRAFT

Fachkräfte haben zu einer realistischen Erwartungshaltung ihren Beitrag zu leisten, damit Frustration nicht in Resignation umschlägt. Eine gelungene Integration hat auch präventive Wirkung auf Verzweiflung, Erkrankungen, Einsamkeit und unerwünschtes Sozialverhalten.

Abb. 2 zeigt, unter welchen Rahmenbedingungen die unbegleiteten minderjährigen Flüchtlinge die Ankunft in Deutschland erleben.

Ankommen im Aufnahmeland 33

```
                    migrationsbezogene
                         Rahmung
```

| kulturelle Rahmung – | kulturelle Rahmung – |
Herkunftsland	Aufnahmeland
enge familiäre Bindung (i.d.R. traditionelle Familienform) Gemeinschaftsorientierung patriarchaler Erziehungsstil (oft) Erziehung mit Gewalt starke religiöse Anbindung	individualistische Erziehungsvorstellung Pluralisierung und Individualisierung der Lebenswelten weitgehend gewaltfreie Erziehungs(vorstellungen)

Vergangenheit	unbegleiteter minderjähriger Flüchtling	Zukunft
problematisch		unsicher

migrationsbezogene Rahmung I	migrationsbezogene Rahmung II
(i.d.R.) unfreiwillige Ausreise aufgrund der Lebensumstände problematische Fluchterfahrungen unbegleitet auf der Flucht (z.T.) Traumatisierungen	(kurzzeitige) Aufnahme in der Jugendhilfe ausländerrechtliche Problematik (z.B. Asyl, Duldung, Arbeitserlaubnis) Willkommenskultur vs. Rassismus (unfreiwilliger) Allimentationsstatus Erlernen der dt. Sprache

Abb. 2: Migrationsbezogene Rahmung

3 Zuständigkeit der Kinder- und Jugendhilfe

In der Kinder- und Jugendhilfe fand schon früh ein fachlicher Austausch über die Lage unbegleiteter minderjähriger Flüchtlinge statt. So gab beispielsweise die Bundesarbeitsgemeinschaft der Landesjugendämter bereits im Oktober 1994 ein Diskussions- und Informationspapier heraus, und Wohlfahrtsverbände, Kinderrechtsorganisationen sowie die Fachverbände der Jugendhilfe haben sich immer wieder mit Forderungen an die Politik gewandt, um die Bedingungen für die Flüchtlingskinder deutlich zu verbessern. Mit dem Kinder- und Jugendhilfeweiterentwicklungsgesetz im Jahr 2005 wurde ein großer Fortschritt erzielt: Die Zuständigkeit der Kinder- und Jugendhilfe wurde per Gesetz festgeschrieben. Zwar gab und gibt es erhebliche regionale und länderspezifische Unterschiede in der Umsetzung sowie (weitere) Verbesserungsbedarfe und es sind angesichts der hohen Zuzugszahlen auch vermehrt z. T. erhebliche Abweichungen von diesen Unterbringungs- und Betreuungsstandards festzustellen, doch die grundsätzliche Zuständigkeit der Kinder- und Jugendhilfe ist zweifelsohne als sehr positiv zu bewerten und stellt im internationalen Vergleich eine Besonderheit dar. Einer 2015 veröffentlichten Studie ist zu entnehmen, dass in keinem von elf untersuchten Ländern stets die Kinder- und Jugendhilfe bzw. das jeweilige Kinderschutzsystem mit seinen spezifischen Fachlichkeiten zum Einsatz kommt (Skivenes et al. 2015).

Auch die Jugend- und Familienministerkonferenz (JFMK) begrüßte noch im Mai 2015, dass die Kinder- und Jugendhilfe sich der Zielgruppe der unbegleiteten minderjährigen Flüchtlinge umfassend angenommen hat. Die JFMK sah eine hohe Fachlichkeit der öffentlichen und freien Träger bei der Betreuung, Unterbringung und Förderung der unbegleiteten Minderjährigen und attestierte Ländern wie Kommunen einen bedeutenden Beitrag zur humanitären Hilfe für Flüchtlinge (JFMK-Beschluss 2015).

Zu diesem Zeitpunkt war die Zahl der jungen Flüchtlinge bereits erheblich angestiegen, allein von 2010 bis 2013 um rund 133 %. 6583 unbegleitete minderjährige Flüchtlinge waren 2013 eingereist (BMFSFJ 2015a). Der sogenannte Kindertreck war nunmehr kein weit entferntes Problem mehr, sondern hatte auch Deutschland erreicht. Mit der Aufgabe, die Jugendlichen zu versorgen und zu betreuen, war die Kinder- und Jugendhilfe zum damaligen Zeitpunkt zwar deutlich herausgefordert, aber – abgesehen von einigen Städten – nicht überfordert.

Doch danach stiegen die Zuwanderungszahlen noch einmal massiv. Allein für November und Dezember 2015 gab die Bundesregierung eine Zuzugszahl von 15000 jungen Menschen an, die von der Kinder- und Jugendhilfe versorgt werden mussten. Insgesamt waren zu diesem Zeitpunkt bereits 57000 unbegleitete minderjährige Flüchtlinge in der Obhut der Kinder- und Jugendhilfe (Presse- und Informationsdienst der Bundesregierung 2015) – ein gewaltiger Anstieg innerhalb weniger Monate, der für alle Akteure in der Politik, in den Kommunen, Jugendämtern, Einrichtungen der Kinder- und Jugendhilfe, im Gesundheitswesen und in den Schulen eine enorme Herausforderung bedeutete. So wurde aus einem Rand-Thema ein Top-Thema. Die Debatten sind vom Zuzug unbegleiteter minderjähriger Flüchtlinge beherrscht, was sich an der Vielzahl von Fachartikeln, Veröffentlichungen sowie Tagungen zeigt und in einer erheblichen Umstrukturierung innerhalb der Kinder- und Jugendhilfe bemerkbar macht. Die Wortwahl im Zusammenhang mit der starken Zuwanderung von jungen Flüchtlingen ist dabei z. T. drastisch. In einem kurzen Artikel zur Situation in der Stadt Leichlingen, die 30000 Einwohner hat, wird davon gesprochen, dass „die Welle steigt" und die „Völkerwanderung" nun auch die Kleinstadt erreicht hat, es sei ein „Riesenproblem", ein „Drama", eine „Krise" mit „enormen Herausforderungen". Zur Beschreibung der Lage der Kinder- und Jugendhilfe wird von „explodierenden Fallzahlen" gesprochen, weshalb die „pädagogischen Standards für Betreuung und Unterbringung in der derzeitigen Krise nicht immer eingehalten werden können, und es um „notstandsmäßige Vermeidung von Obdachlosigkeit" gehe, der Soziale Dienst komme zu fast nichts anderem mehr, als sich um diese Klientel zu kümmern. Es gäbe einen „immensen bürokratischen und personalintensiven Aufwand" (Borowski 2015, 28). Der Autor schreibt über 20 (!!) unbegleitete minderjährige Flüchtlinge, die die Stadt aufnehmen musste. Eine völlig unangemessene Dramatisierung, während einige andere Städte an den Transitrouten tatsächlich enorme Herausforderungen zu bewältigen hatten.

3.1 Umgang der Kinder- und Jugendhilfe mit unbegleiteten minderjährigen Flüchtlingen

Wie sah die Zuständigkeit der Kinder- und Jugendhilfe in der Vergangenheit aus? Welche rechtlichen Grundlagen gab es und zu welchen Konsequenzen führte die Gesetzesänderung im SGB VIII, die seit Ende 2015 eine bundesweite Verteilung vorsieht? Welche Relevanz hat die Altersfestsetzung? Welche Aufgaben der Vormund? Was bedeuten die Vorgaben für die Praxis der Kinder- und Jugendhilfe?

Inobhutnahme

Die ungleiche Situation in den Städten und Ländern mit sehr hohem Zuzug und den damit verbundenen Herausforderungen für die Kinder- und Jugendhilfe auf der einen Seite sowie Kommunen und Ländern, in denen keine oder sehr wenige unbegleitete minderjährige Flüchtlinge ankamen auf der anderen Seite (Jehles/Pothmann 2015), hat auf politischer Ebene zu einer Verteilungsdiskussion geführt, die in einer gesetzlichen Änderung des SGB VIII mündete. Es wurden die rechtlichen Voraussetzungen für eine deutschlandweite Verteilung von unbegleiteten minderjährigen Flüchtlingen nach dem Königsteiner Schlüssel geschaffen und eine interkommunale Verteilung nach Jugendhilferecht mit entsprechendem Zuständigkeitswechsel ermöglicht. Innerhalb kürzester Zeit wurde das „Gesetz zur Verbesserung der Unterbringung, Versorgung und Betreuung ausländischer Kinder und Jugendlicher" in den Bundesrat eingebracht und vom

Bundestag verabschiedet. Zum 01.11.2015 trat die Neufassung des SGB VIII in Kraft (Bundesgesetzblatt 2015).

Das Kinder- und Jugendhilfegesetz sah bis dato in seinem Paragrafen 42 für in Deutschland lebende Kinder und Jugendliche wie für unbegleitete minderjährige Flüchtlinge gleichermaßen die Inobhutnahme eines Minderjährigen von demjenigen Jugendamt vor, bei dem ein junger Mensch erstmalig um Hilfe nachfragt.

„(1) Das Jugendamt ist berechtigt und verpflichtet, ein Kind oder einen Jugendlichen in seine Obhut zu nehmen, wenn
1. *das Kind oder der Jugendliche um Obhut bittet oder*
2. *eine dringende Gefahr für das Wohl des Kindes oder des Jugendlichen die Inobhutnahme erfordert und*
   a) *die Personensorgeberechtigten nicht widersprechen oder*
   b) *eine familiengerichtliche Entscheidung nicht rechtzeitig eingeholt werden kann oder*
3. *ein ausländisches Kind oder ein ausländischer Jugendlicher unbegleitet nach Deutschland kommt und sich weder Personensorge- noch Erziehungsberechtigte im Inland aufhalten."* (SGB VIII § 42)

Neufassung im SGB VIII

Der § 42 SGB VIII wurde ergänzt um die Paragrafen 42a-e (Bundesgesetzblatt 2015), zudem wurde die örtliche Zuständigkeit und die Amtsvormundschaft für unbegleitete minderjährige Flüchtlinge festgelegt (§ 88 SGB VIII).

Die neu eingeführten §§ 42a und 42b SGB VIII regeln die „vorläufige Inobhutnahme" durch das Jugendamt derjenigen Stadt, bei der der unbegleitete minderjährige Flüchtling zuerst um Hilfe ersucht, sowie das anschließende Verteilverfahren. § 42c beinhaltet die Aufnahmequote der Länder, § 42d eine Übergangsregelung, § 42e verpflichtet die Bundesregierung zur jährlichen Berichterstattung und der § 42f regelt das behördliche Verfahren zur Altersfestsetzung.

Die neue Form der „vorläufigen Inobhutnahme" gilt ausschließlich für unbegleitete minderjährige Flüchtlinge (§ 42a SGB VIII). Der junge Flüchtling wird zwar weiterhin dort in Obhut genommen, wo er sich meldet, doch diese Inobhutnahme ist zeitlich eng befristet. Sofern keine Kindeswohlgründe einer Verteilung entgegenstehen, wird er an ein anderes Jugendamt im Bundesgebiet übergeben. Zuvor sind vom vorläufig in Obhut nehmenden Jugendamt innerhalb von max. sieben Tagen folgende Schritte umzusetzen:

- Das Alter ist – sofern keine Ausweispapiere vorhanden sind – durch eine qualifizierte Inaugenscheinnahme/Gespräch festzusetzen. Von der Einschätzung des Alters hängt ganz wesentlich die zukünftige Zuständigkeit ab: Jugendhilfe oder Asylrecht – was jeweils erhebliche Auswirkungen für die Betroffenen hat. Als fachlicher Standard sollte gelten, dass mindestens zwei erfahrene Fachkräfte unter Hinzuziehung eines Dolmetschers eine Einschätzung vornehmen und diese gut dokumentieren.
- Es ist zu prüfen, ob im Gesetz definierte Kindeswohlinteressen einer Verteilung entgegenstehen. Zu klären ist,
  - ob zu einer Person im In- oder Ausland verwandtschaftliche Beziehungen bestehen und eine Zusammenführung dem Wohl des Jugendlichen entspricht,
  - ob eine Unterbringung mit Geschwisterkindern oder anderen unbegleiteten ausländischen Kindern oder Jugendlichen möglich ist (Geschwisterkinder dürfen grundsätzlich nicht getrennt werden) oder
  - ob der Gesundheitszustand einer Verteilung entgegensteht.

Das Jugendamt ist während der vorläufigen Inobhutnahme berechtigt und verpflichtet, alle Rechtshandlungen vorzunehmen, die zum Wohl des Kindes oder des Jugendlichen notwendig sind. Die Bestellung eines Vormunds oder einer anderen Vertretung für den Jugendlichen etwa durch einen Ergänzungspfleger ist in dieser Zeit nicht mehr vorgesehen, was eine gravierende Veränderung zum bisherigen Verfahren bedeutet. Die „neutrale" Interessenvertretung ist nicht mehr gewährleistet.

Verteilung

Im § 42b wird das Verfahren der Verteilung geregelt. Wenn weder gesundheitliche Gründe noch definierte Kindeswohlinteressen einer Verteilung entgegenstehen, ist diese Phase mit der Meldung an die jeweils für zuständig erklärte Landesbehörde (etwa das Landesjugendamt) abgeschlossen. Die Behörde muss innerhalb von drei weiteren Tagen das Bundesverwaltungsamt informieren, welches wiederum max. zwei Tage Zeit hat, das jeweilige Aufnahmebundesland zu bestimmen. Dies soll möglichst ein Nachbarbundesland sein, um weite Transporte zu vermeiden. Die dortigen Landesbehörden bestimmen dann die Zuweisungskommune/das Zuweisungsjugendamt. Das gesamte Verfahren, vom Ankommen und Melden des Jugendlichen in einer Stadt bis zum Ankommen in „seiner" Zuweisungskommune, inklusive der Begleitung durch eine geeignete Fachkraft und einer Fallübergabe, ist innerhalb von max. 14 Tagen abzuschließen. Wenn die Verteilung – aus welchen Gründen auch immer – nicht binnen eines Monats erfolgt, verbleibt der Jugendliche beim Erstaufnahmejugendamt **(Abb. 3)** (Bundesgesetzblatt 2015). Die Bundesregierung lässt den Ländern weitgehenden Gestaltungsspielraum, ob sie Schwerpunktjugendämter/Kompetenzzentren bilden und dort die entsprechende fachliches Know-how bündeln (z. B. Dolmetscher, Vormünder, rechtl. Kompetenz, qualifizierte Jugendhilfeeinrichtungen) oder ob eine Verteilung der jungen Flüchtlinge gemäß Königsteiner Schlüssel an jede Kommune erfolgt und damit den örtlichen Jugendämtern die Aufgabe der Folgeversorgung überlassen wird. Lange umstritten war, ob nur „geeignete" Jugendämter unbegleitete minderjährige Flüchtlinge in Obhut nehmen dürfen, also Jugendämter, die die Strukturen und fachlichen Kompetenzen bieten können oder ob grundsätzlich jedes Jugendamt als „geeignet" anzusehen ist, eine Auffassung, die z. B. der Dt. Städtetag vertrat. Die Fachverbände sahen eine Überforderung insbesondere kleinerer sowie unerfahrener Jugendämter (AFET 2015). Bei der Umsetzung werden unterschiedlichste Herangehensweisen deutlich. Die meisten Bundesländer haben sich für eine breite Verteilung der Flüchtlinge auf alle Kommunen entschieden.

40 Zuständigkeit der Kinder- und Jugendhilfe

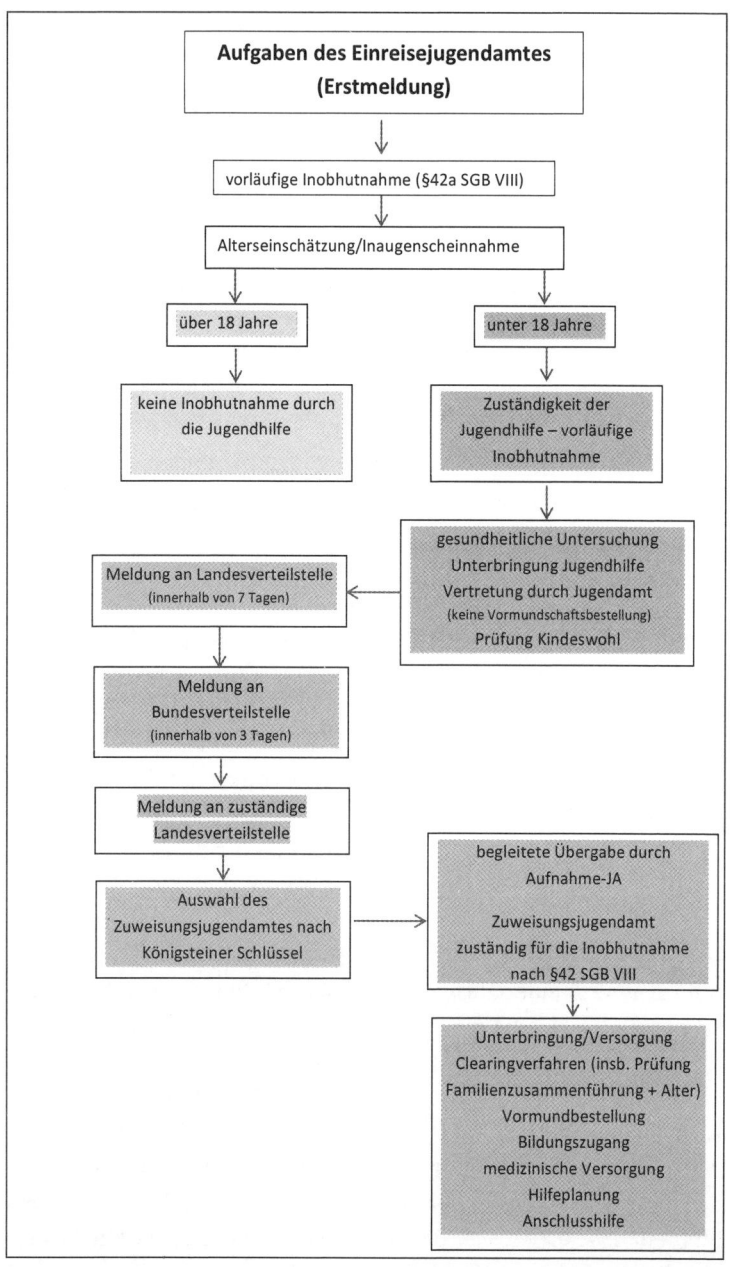

Abb. 3: Verfahrensablauf von der Erstaufnahme bis zur Verteilung

Unterstützung erhalten die Kommunen dabei durch das Bundesprogramm „Willkommen bei Freunden", welches im Zusammenhang mit der Neufassung des Gesetzes von der Bundesregierung installiert wurde und vor allem bei der Etablierung lokaler Bündnisse aus Behörden, Vereinen sowie Bildungs- und Flüchtlingseinrichtungen vor Ort helfen soll. Denn zentral für den Aufbau von Strukturen ist ein Netzwerk *aller* Akteure, in dem das örtliche Jugendamt und die freien Träger der Kinder- und Jugendhilfe ganz besonders gefordert sind. Diese Grundstrukturen sind in vielen Städten neu aufgebaut worden. Eine Konsolidierung und/oder Weiterentwicklung aufgrund gemachter Erfahrungen steht aus.

3.2 Das Verfahren beim in Obhut nehmenden Jugendamt

Das Jugendamt, bei dem das Kind/der Jugendliche nach der Verteilung „endgültig" ankommt, nimmt nach Jugendhilfestandards in Obhut und leitet die Fallübernahme im Rahmen eines erneuten und erweiterten Clearingverfahrens ein. Mit Hilfe des Verfahrens soll der Hilfebedarf des Jugendlichen festgestellt werden. Das Zuweisungsjugendamt hat folgende Aufgaben zu erfüllen:

- Es hat unverzüglich einen qualifizierten Vormund zu bestellen. Der Vormund leistet u. a. Unterstützung in Bezug auf das Ausländer-/Asylverfahrensrecht.
- Es findet eine erneute Prüfung statt, ob sich Familienangehörige in Deutschland oder einem anderen EU-Land befinden.
- Die psychische und körperliche Verfassung wird neu eingeschätzt. Gibt es Handlungsbedarfe?
- Es ist zu klären, wie der Zugang zu Sprachkursen, zu Schulbildung oder Ausbildung gewährleistet werden kann.
- Das Jugendamt hat nach der Inobhutnahme für eine kind- und jugendgerechte Unterbringung zu sorgen. Dies können alle Angebote des SGB VIII sein. Etwa stationäre Settings in Heimen, eine ambulante Betreuung in eigener Wohnung, Jugendwohn-

gemeinschaften oder Pflegefamilien. Das Jugendamt kooperiert dabei – wie in anderen Fällen der Unterbringung auch – mit den freien Trägern der Kinder- und Jugendhilfe.

Im Rahmen des Hilfeplanverfahrens nach § 36 SGB VIII werden die Ziele festgelegt und konkrete Schritte vereinbart. Welche Perspektiven können gemeinsam mit dem Jugendlichen erschlossen werden? Welche Wege können für eine erfolgreiche Integration genutzt und ausgebaut werden? Die Partizipation des jungen Menschen ist dabei ein zentrales Element (**Kapitel 5.2**).

Nach dem 18. Lebensjahr ist die Kinder- und Jugendhilfe nur noch für diejenigen jungen Flüchtlinge zuständig, die weiterhin einen Hilfebedarf haben. Anschlusshilfen für junge Volljährige nach § 41 SGB VIII werden aus Kostengründen oft nicht gewährt – ein Problem, das unbegleitete minderjährige Flüchtlinge ebenso betrifft wie deutsche Jugendliche. „18 wirkt" ist ein verbreiteter Spruch in der Kinder- und Jugendhilfeszene, der aussagt, dass ab diesem Zeitpunkt ein deutlicher Einbruch in der Anzahl gewährter Hilfen zu verzeichnen ist (BMFSFJ 2013, 351).

Verfahren der Altersfeststellung / Altersfestsetzung

Es ist Aufgabe des zuständigen Jugendamtes, im Rahmen des Inobhutnahmeverfahrens durch ein Clearing festzustellen, ob Minderjährigkeit und damit Schutzbedürftigkeit vorliegen. Das Clearingverfahren wird beim Jugendamt durchgeführt oder in speziellen Clearingstellen. Wenn beim Jugendlichen ein Alter von 18 Jahren geschätzt wird, so gelten die Gesetze für Erwachsene, etwa beim Asylverfahren oder bei der Unterbringung. Daher ist es aus Sicht der Jugendlichen vorteilhaft, als nicht volljährig eingeschätzt zu werden, was wiederum aus staatlicher Sicht eine Kostenfrage darstellt, da Jugendhilfemaßnahmen deutlich teurer sind als eine Unterbringung Erwachsener. Alterseinschätzungen (Kritiker lehnen den Begriff Altersfeststellung ab, weil es nicht möglich ist, ein genaues Alter festzustellen.) sind notwendig, weil die große Mehrzahl der unbegleiteten Flüchtlinge keine Ausweispapiere vorweisen kann. Ein bedeutender Anteil junger Flüchtlinge wird nicht als jugendlich eingeschätzt (LEB 2015).

Ein Widerspruch oder eine Klage haben keine aufschiebende Wirkung. Nach der Verteilung kann es u. U. zu einer erneuten Überprüfung des Alters im Zuweisungsjugendamt kommen, etwa durch medizinische Altersfestsetzungsverfahren.

Methoden zur Altersfeststellung

Das „Gesetz zur Verbesserung der Unterbringung, Versorgung und Betreuung ausländischer Kinder und Jugendlicher" verweist auf die Option der medizinischen Altersbestimmung, die in Zweifelsfällen auf Antrag entweder des jungen Flüchtlings, seines Vertreters oder von Amtswegen durch das Jugendamt selbst veranlasst werden kann. Über die Untersuchungsmethode sowie Folgen der Altersfeststellung ist der junge Flüchtling aufzuklären, ebenso über die Konsequenzen bei einer Verweigerung.

Grundsätzlich soll die Altersfeststellung, sofern keine Ausweisdokumente vorliegen, durch eine qualifizierte Inaugenscheinnahme erfolgen (§ 42f.). Dabei sind die §§ 8 Abs. 1 und 42 Abs. 2 Satz 2 SGB VIII anzuwenden, es hat also eine Beteiligung der Jugendlichen zu erfolgen (Bundesgesetzblatt 2015).

Die Bundesarbeitsgemeinschaft der Landesjugendämter versteht unter einer qualifizierten Inaugenscheinnahme, dass diese durch mindestens zwei geschulte Fachkräfte unter Beteiligung eines Dolmetschers durchgeführt wird. Dabei ist neben der Inaugenscheinnahme eine pädagogische Einschätzung u. a. aufgrund der Nachvollziehbarkeit der Angaben entscheidend. Im Zweifel ist von einer Minderjährigkeit auszugehen (BAG LJÄ 2015).

Ein medizinisches Gutachten kann neben einer Gebissuntersuchung vor allem Röntgenverfahren oder Ganzkörperuntersuchungen beinhalten. Grundsätzlich ist die körperliche Untersuchung von unbegleiteten minderjährigen Flüchtlingen zur Altersdiagnostik nach Art. 25 Abs. 5 S. 1 der EU-Richtlinie 2013/32/EU zulässig. Medizinische Verfahren werden von Kritikern jedoch aus ethischen Gründen abgelehnt. Außerdem wird darauf verwiesen, dass sie unzuverlässig sind, weil die Methoden wissenschaftlichen Standards nicht entsprechen, u. a. da Normwerte für die jeweiligen Ethnizitäten fehlen (DGKJP 2015).

> **TIPPS FÜR DIE FACHKRAFT**
>
> Fachkräfte sollten eine Alterseinschätzung nur dann vornehmen, wenn sie entsprechend verantwortungsvoll damit umgehen können und auf diese Aufgabe hinreichend vorbereitet wurden. Eine alleinige Entscheidung und Verantwortungsübernahme wären nicht verantwortbar und sollten entsprechend abgelehnt werden (Vieraugenprinzip, Dolmetscher).
>
> Es ist nicht auszuschließen, dass einzelne Kommunen angesichts des Kostendrucks Fachkräfte mehr oder weniger offen dazu anhalten, eher zurückhaltend mit einer Alterseinschätzung umzugehen, also im Zweifel nicht für, sondern gegen den jungen Flüchtling zu entscheiden. Diesem Druck gilt es ggf. standzuhalten. Für Fachkräfte darf ausschließlich die Orientierung am Kindeswohl handlungs- und entscheidungsleitend sein.
>
> Hilfreich ist die Broschüre „**Alterseinschätzung. Verfahrensgarantien für kindwohlorientierte Praxis**" (www.b-umf.de/images/alterseinschtzung_2015.pdf, 11.04.2016).

Rolle des Vormunds

Die Bestellung eines Vormundes soll beim Zuweisungsjugendamt, an das der Jugendliche verteilt wurde, innerhalb von drei Tagen erfolgen, doch wird dies angesichts des großen Zuzugs von unbegleiteten minderjährigen Flüchtlingen in den wenigsten Fällen einzuhalten sein. Manchmal dauert die Bestellung sogar Monate, insbesondere weil beim Ausländeramt entsprechende Aufenthaltsdokumente ausgestellt werden müssen, was angesichts der Überlastung oft sehr spät geschieht (Müller 2016). Dazu kommt dann die Wartezeit auf einen Termin im Familiengericht, das für die Bestellung des Vormundes zuständig ist. In diesem Zeitraum ist eine Sicherstellung des Kindeswohls eingeschränkt – ein kritischer Zustand.

Das Familiengericht bestellt einen Vormund, wenn der Aufenthalt der Eltern unbekannt ist oder sich keine sorgeberechtigte Person in Deutschland aufhält. Das Gericht hat die Wahl, die Vormundschaft an eine oder mehrere Personen (ehrenamtliche Einzelvormundschaften oder Berufsvormunder), an das Jugendamt oder an einen Vormundschaftsverein zu übertragen. Die Aufgabe des Vormunds ist es, die gesetzliche Vertretung des unbegleiteten minderjährigen Flüchtlings zu übernehmen. Er unterliegt bei allen Tätigkeiten der Aufsicht des Familiengerichts und ist ausschließlich dem Wohle des Mündels verpflichtet.

Auch wenn das Bürgerliche Gesetzbuch vorsieht, vorrangig einen ehrenamtlichen Vormund zu bestellen, ist die häufigste Form einer Vormundschaft die Amtsvormundschaft. Nach Schätzungen des Bundesverbandes Unbegleitete minderjährige Flüchtlinge macht der Anteil der Amtsvormünder 70–80 % aus (Berthold et al. 2011). Die Vormünder kommen aus den Jugendämtern und müssen ggf. gegen die Entscheidungen ihrer Kollegen und Kolleginnen für die Interessen des Kindes eintreten. Laut gesetzlicher Vorgaben sind durch einen Amtsvormund 50 Kinder und Jugendliche zu betreuen.

Der Vormund nimmt nach der Bestellung Verbindung zur Einrichtung auf. Fortwährend ist es Aufgabe der Einrichtung, sich mit dem Vormund über zentrale Entwicklungen im Leben des Mündels auszutauschen und alle relevanten Entscheidungsprozesse unter Beteiligung des Jugendlichen abzusprechen. Dazu dienen insbesondere die gemeinsamen Hilfeplangespräche zwischen Jugendamt, Vormund, Einrichtung und Jugendlichem (§ 36 SGB VIII) **(Kapitel 5.2)**. In Bezug auf den Lebensalltag in Deutschland ist es Aufgabe des Vormunds, den unbegleiteten minderjährigen Flüchtling etwa im Umgang mit Ämtern und Behörden, bei Arztbesuchen, beim Finden eines Schulplatzes, einer Praktikums-, Ausbildungs- oder Arbeitsstelle zu unterstützen.

Von zentraler Bedeutung ist die Rolle des Vormunds im Asyl- und Ausländerrecht. Hier fallen relevante Entscheidungen über die zukünftige Lebensperspektive des jungen Flüchtlings. Daher sollten Vormünder gut geschult sein und sich in asylrechtlichen Fragen auskennen. Der Vormund hat mit dem jungen Flüchtling insbesondere zu beraten, ob beim Bundesamt für Migration und Flüchtlinge ein Asylantrag oder der Antrag auf Bleiberecht aus humanitären Gründen gestellt wird. Oft verfügt der bestellte Vormund jedoch nur über unzureichende Kenntnisse auf diesem komplizierten und komplexen Terrain, weshalb entsprechende Schulungen angezeigt sind.

Nach Möglichkeit sollte ein Ergänzungspfleger (z. B. ein Rechtsanwalt) hinzugezogen werden, was jedoch von Jugendämtern nur vereinzelt ermöglicht wird (AFET 2012).

Einige Jugendämter wie Hamburg haben Vormünder, die ausschließlich für minderjährige unbegleitete Flüchtlinge zuständig sind, ebenso gibt es bei Trägern spezialisierte Vormünder (z. B. beim Katholischen Jugendsozialwerk München oder dem Münchener Kinderschutz e. V.).

> Hilfreich ist die Broschüre von Barbara Noske **„Herausforderungen und Chancen. Vormundschaften für unbegleitete minderjährige Flüchtlinge in Deutschland".** *(www.b-umf.de/images/vormundschaftsstudie_2010.pdf, 11.04.2016).*

3.3 Strukturelle Herausforderungen

„Der Wechsel ist das einzig Bleibende." (Arthur Schopenhauer)

Mit der Zuwanderung verändert sich die Kinder- und Jugendhilfe strukturell. Die Erfahrung von Grenzen der Kinder- und Jugendhilfestrukturen erforderte und erfordert eine hohe Flexibilität der Fachkräfte und der Systeme, verbunden mit einem neuen Denken (Kurz-Adam 2015).

Innerhalb kürzester Zeit mussten in vielen Städten Inobhutnahmeeinrichtungen geschaffen werden, zudem hatten und haben die

Jugendämter dringenden Bedarf an Plätzen in Folgeeinrichtungen, was sich als besonders schwierig erweist. Während einige Städte massiv überlastet waren, gab es 2013 andererseits noch in über 50 % der Kommunen keine Inobhutnahmen von unbegleiteten minderjährigen Flüchtlingen (Jehles/Pothmann 2015). Bei einer Befragung haben auch zwei Drittel der Träger von Einrichtungen angegeben, dass die Arbeit mit unbegleiteten minderjährigen Flüchtlingen für sie ein neues Handlungsfeld darstellt (Müller, H. 2014).

Hier mussten sich infolge der neuen Gesetzeslage ab dem 01.11.2015 erhebliche Änderungen in der Jugendhilfelandschaft vollziehen. Aufgebaute Strukturen in den stark nachgefragten Städten waren nicht mehr im bisherigen Ausmaß gefragt, andere Städte mussten Strukturen für die nunmehr aufzunehmenden jungen Flüchtlinge aufbauen, Fachkräfte finden und qualifizieren. Für die Träger der Einrichtungen stellten sich dabei grundsätzliche Fragen, etwa ob die Zuwanderung anhält und der Bedarf fortbesteht oder ob aufgebaute Plätze zu einem späteren Zeitpunkt nicht mehr benötigt werden, ob bestehende Angebote angepasst oder ergänzt werden müssen, ob die Finanzierung gesichert werden kann, wie die Arbeit fachlich zu organisieren ist u. a.m.

In der Jugendhilfeszene wird die hohe Dynamik teilweise als sehr produktiv und anregend wahrgenommen. Eine neue Flexibilität (u. a. in der Kooperation) wird ausgemacht, an die sich zukünftig positiv anknüpfen ließe. Gleichzeitig wird eine sehr hohe Belastung beklagt, die nicht mehr lange tragbar sei. Auch Unsicherheit ist spürbar. Die Einstellung von neuen (i.d.R. jungen) Fachkräften wird ebenso ambivalent wahrgenommen – zwischen Bereicherung und „frischem Wind" einerseits sowie einem „Zuviel" an Veränderung und hohem Integrations- und Qualifizierungsbedarf andererseits.

Von zentraler Bedeutung bei den Veränderungen in der Jugendhilfe ist die Frage von Standards, denn die von Fachorganisationen konstatierten positiven Entwicklungen seit 2005 endeten angesichts der rasant ansteigenden Zuwanderungszahlen. Vielerorts führte die Entwicklung dazu, dass keine Jugendhilfestandards mehr eingehalten werden (konnten) (Buck 2015). In Schleswig-Holstein wurden Betreuungsstandards reduziert, Hamburg hatte große Probleme, die jungen Flüchtlinge überhaupt unterzubringen, was z. B. die Belegung von Turnhallen zur Folge hatte. Ähnliche Berichte gab es u. a. aus Bremen und München. Auch die (vorübergehende) Nutzung von Erwachsenenflüchtlingsunterkünften gehörte zu den Notmaßnahmen. Vormünder konnten nicht in ausreichender Zahl gefunden werden, der Betreuungsschlüssel wurde in etlichen Städten nicht eingehalten. Eine schnelle Vormundbestellung erwies sich erst recht als problematisch u.a.m.

Angesichts der großen Anzahl junger Menschen, die sehr kurzfristig aufgenommen werden mussten, ist diese Einschränkung der Jugendhilfestandards nachvollziehbar. Es darf jedoch keinesfalls ein Dauerzustand werden. Dieses Anliegen einer grundsätzlichen Senkung der Standards bei der Betreuung und der Unterbringung unbegleiteter minderjähriger Flüchtlinge äußerte etwa die bayrische Wirtschaftsministerin Ende 2015. Die Kosten seien zu hoch (Vitzthum 2015).

Ende des Jahres 2016 forderten mehrere Bundesländer, die Unterstützungsleistungen für unbegleitete minderjährige Flüchtlinge einzuschränken. Es folgte ein Beschluss, der schließlich von allen Regierungschefinnen und Regierungschefs der Länder getragen wurde. Darin wird die Bundesregierung gebeten, im Dialog mit den Ländern rechtliche Regelungen für die Betreuung von unbegleiteten minderjährigen Flüchtlingen zu erarbeiten. Als Ziele werden benannt, dass „die Steuerungsmöglichkeiten verbessert und die Kostendynamik begrenzt wird. Dabei soll auch die Leistungsart „Jugendwohnen" bei den Vorschriften zur Jugendsozialarbeit nunmehr explizit beschrieben werden". Zudem forderten in der Protokollerklärung zum vorläufigen Ergebnisprotokoll Baden-Württemberg, Bayern, Hessen, Saarland, Sachsen und Sachsen-Anhalt stärkere Steuerungsmöglichkeiten durch Landesrahmenverträge zur Finanzierung von Maßnahmen und Leistungen für unbegleitete minderjährige Flüchtlinge (Kutter 2016). Es regte sich erheblicher Protest, vor allem in der Fachszene (AGJ/DIJuF 2016). (Ob und ggfs. welche Änderungen durchgesetzt wurden, war zum Zeitpunkt des Redaktionsschlusses für dieses Buch noch nicht bekannt.)

Die Fachverbände der Erziehungshilfe, die Verbände der Kinder- und Jugendhilfe sowie die Wohlfahrtsverbände sind gefordert, für den Erhalt fachlicher Standards einzutreten. Es darf kein Zweiklassensystem in der Jugendhilfe geben. Fiskalische Aspekte müssen zurückstehen, wenn Unterstützungsbedarf erforderlich ist.

Unterbringungskonzepte in Folgeeinrichtungen

Nach der Erstversorgung von unbegleiteten minderjährigen Flüchtlingen ist eine Unterbringung in Jugendhilfeeinrichtungen, Jugendwohnungen oder ambulant betreuten Wohnformen sowie bei geeigneten Personen denkbar, sofern die Zuständigkeit der Kinder- und Jugendhilfe noch besteht. Wird in Gruppen untergebracht, ist zu fragen, welche Gruppenzusammensetzung am sinnvollsten erscheint, sofern angesichts der hohen Zuwanderungszahl überhaupt Entscheidungsoptionen bestehen. Vielfach sind Kommunen froh, die unbegleiteten Minderjährigen überhaupt unterzubringen – egal wie. Fachliche Überlegungen stehen dabei oft zurück. Da der große Andrang nachgelassen hat und die Verteilung auf die Kommunen für Entspannung gesorgt hat, ist die Frage zu stellen, ob national homogene Gruppe oder monoethische Gruppen grundsätzlich die bessere Alternative sind oder ob multinationale oder multiethnische Gruppen angezeigt sind oder ob eine integrierte Unterbringung mit deutschen Jugendlichen sinnvoll ist. In diesen Fragen spiegelt sich eine grundsätzliche Debatte innerhalb der Kinder- und Jugendhilfe wider. Sind spezialisierte Einrichtungen zum Beispiel für verhaltensauffällige Jugendliche oder für psychisch Erkrankte sinnvoll, weil auf spezifische Bedürfnisse oder Probleme durch entsprechend gut ausgebildete Fachkräfte gezielt reagiert werden kann? Oder sind sie letztlich vielleicht sogar kontraproduktiv, weil eine Konzentration bestimmter Kinder und Jugendlicher zu unerwünschten Verstärkungen der Besonderheiten beiträgt und zu eingeschränkten Sichtweisen führt, weil es an Vorbildern mit anderen Lebenskonzepten fehlt? Und, sind spezialisierte Gruppen mit dem Inklusionsgedanken vereinbar?

In Bezug auf unbegleitete minderjährige Flüchtlinge findet sich eine entsprechend breite Diskussionsvielfalt. Die Arbeiterwohlfahrt in Hessen beispielsweise setzt auf gemischte Gruppen aller Nationalitäten, nach Möglichkeit inklusive deutscher Jugendlicher, weil damit die besten Erfahrungen verbunden seien. Monoethnische Gruppen werden abgelehnt, so der Leiter in einer Mail an den AFET-Bundesverband für Erziehungshilfe. Die Freie Wohlfahrtspflege Bayern sieht eine gemeinsame Unterbringung von einheimischen Jugendlichen und unbegleiteten minderjährigen Flüchtlingen durch eingestreute Wohnplätze nur „ausnahmsweise bei großer Sensibilität" als richtig an (Freie Wohlfahrtspflege Bayern 2014, 5). Im Kontext unbegleitete minderjährige Flüchtlinge sei am Beispiel monoethnischer Gruppen u. a. auf folgende Aspekte hingewiesen:

- Eine gemeinsame Sprache ermöglicht Vertrautheit.
- Der Aufbau von Freundschaften könnte einfacher sein (Beitrag zur persönlichen Stabilisierung).
- Gegenseitige Hilfen sind leichter möglich.
- Dolmetschen wird einfacher.
- Kulturelle Hintergründe sind einheitlicher (z. B. gemeinsame Feste, Religionen, Erfahrungen) usw.

Andererseits gibt es auch diese Argumente:

- Das Erlernen der deutschen Sprache wird problematischer, da eine Kommunikation in der vertrauten Herkunftssprache möglich ist.
- Eine Neuorientierung in Bezug auf Werte und Normen könnte negativ beeinflusst werden (gegenseitige Kontrolle, fehlende alternative Rollenkonzepte).
- Ein Einlassen auf neue/andere Kulturen und Menschen findet nicht statt.
- „Klammern" am Vertrautem. Abgrenzung als Gruppe zu den Erziehenden in der Einrichtung usw.

Entsprechend ist jede Konstellation in ihren Vor- und Nachteilen genau abzuwägen.

Fachkonzepte

Neue fachliche Konzepte werden benötigt, die die besondere Situation der unbegleiteten minderjährigen Flüchtlinge berücksichtigen. Dabei geht es um die Sicherstellung der Grundbedürfnisse ebenso wie um Hilfen zur Lebensbewältigung und zur Persönlichkeitsentwicklung, um Integration einerseits und Rückkehr andererseits, um Wahrung der kulturellen Identität bei gleichzeitigen Integrationsbemühungen, und es geht um Normalisierung sowie um gesellschaftliche Teilhabe. Aber auch spezifische Aspekte wie Verselbstständigung, Gesundheit, Spracherwerb, Zukunftsplanung etc. sind zu berücksichtigen. Zu bedenken ist zudem, dass die jungen Flüchtlinge i.d.R. keine zu erziehenden Kinder mehr sind; sie sind oft durch ihre Flucht „erwachsen geworden", was aber wiederum nicht heißt, dass nicht auch noch kindliche Bedürfnisse bestehen, die einer Beachtung bedürfen.

Zudem ist die Zeit nach der Unterbringung in einer Jugendhilfeeinrichtung in den Blick zu nehmen. Bislang sind keine Konzepte auszumachen, wie junge Menschen im Übergang in eine Wohnung oder in eine Erwachsenenunterkunft z. B. durch ambulante Konzepte begleitet werden können.

Auch außerhalb der Einrichtungen der Erziehungshilfe sind konzeptionell Veränderungsbedarfe anzudenken und umzusetzen. Weder die Jugendverbandsarbeit noch die Jugendarbeit, noch Bildungsstätten oder die Schulsozialarbeit, um nur einige Bereiche zu nennen, sind hinlänglich auf die Arbeit mit unbegleiteten minderjährigen Flüchtlingen eingestellt.

An den Hochschulen sind Überlegungen notwendig, wie die zukünftigen Fachkräfte vorbereitet werden können.

> Beispielsweise sei das **Kooperationsprojekt der FH Münster** mit der Hochschule Bremen genannt (www.neu-in-der-fluechtlingshilfe.de, 11.04.2016).

Jedenfalls benötigen alle (zukünftigen) Fachkräfte und Leitungen, die mit unbegleiteten minderjährigen Flüchtlingen befasst sind, unabhängig von ihrem jeweiligen Arbeitsgebiet Qualifizierungen in rechtlicher, fachlicher und interkultureller Hinsicht sowie einen fachlichen Austausch untereinander. Hochschulen können im Rahmen der Ausbildung und Qualifizierung ihren Beitrag leisten.

Die Leitungsebenen, die Fachverbände, die Jugendhilfeplaner und Jugendamtsleitungen mussten die konzeptionelle Entwicklung unter erheblichen Zeitdruck vorantreiben. Der pragmatische Handlungsdruck stand konzeptionell-fachlichen Weiterentwicklungsbedarfen gegenüber.

> *Einige* **Fachkonzepte für Wohngruppen für unbegleitete minderjährige Flüchtlinge** *finden sich im Internet (z. B. www.bathildisheim.de; www.michael-gemeinschaft.de; www.zfsa.de (Wohngruppe Salierallee), 11.04.2016).*

Junge Flüchtlinge in Pflegefamilien

Die Unterbringung in Pflegefamilien (Es wird auch der Terminus „Gastfamilien" verwendet.) wurde bei vergleichsweise geringer Zuwanderung junger unbegleiteter Flüchtlinge lange Zeit nur bei wenigen Einrichtungen wie z. B. dem Bremer Verein PiB versucht. Plötzlich rückte das Thema auf der Agenda weiter nach vorne. Die Jugendämter vieler Kommunen luden Interessierte zu Informationsveranstaltungen ein, die zumeist sehr gut besucht waren. Einige Träger der Erziehungshilfe zeigten Bereitschaft, die Pflegeeltern und die jungen Flüchtlinge zu begleiten, Fachveranstaltungen nahmen zu. Das Bundesministerium fördert seit Jahresbeginn 2016 das Begleitprojekt „Menschen stärken Menschen" (www.bmfsfj.de, 11.04.2016). Auch islamische Verbände wurden seitens des BMFSFJ angesprochen, inwieweit die „Kafala", das islamische Konzept der Waisen- und Behindertenfürsorge greifen könnte (www.bpb.de, 11.04.2016).

Die Aufnahme in einer Pflegefamilie kann ein guter Weg sein, unbegleitete Minderjährige dabei zu unterstützen, in der Gesellschaft Fuß zu fassen. Die ersten Erfahrungen sind positiv, eine gute Vorbereitung der Pflegeeltern sowie eine gute fachliche Begleitung sind jedoch zwingend notwendig.

3.4 Praxisforschungsprojekte

Es fehlt allenthalben an Daten und Zahlen über unbegleitete minderjährige Flüchtlinge (Espenhorst 2014). Auch Forschungsergebnisse zu konkreten Projekten mit und für minderjährige begleitete und unbegleitete Flüchtlinge sowie deren Wirkungen liegen kaum vor. Auf einige Forschungsprojekte soll hingewiesen werden, die neue Erkenntnisse bringen könnten.

--- BEISPIEL

Wissenschaft für die Praxis

- Die Ziele von „Angekommen und Angenommen?!? Hilfen für junge Flüchtlinge: Gesundheitliche Verfassung, gesellschaftliche Anerkennung, individuelle Ressourcenstärkung ... und die Rolle der Jugendsozialarbeit" (01.04.2015 – 31.03.2017 Katholische Jugendsozialarbeit Nord gGmbH) sind eine konkrete Bestandsaufnahme und eine Ableitung von Handlungsoptionen, u. a. durch eine Befragung der betroffenen Flüchtlinge.
- „Schnittstellen zwischen Jugendsozialarbeit und Hilfen zur Erziehung am Beispiel der Unterbringung und Begleitung junger Flüchtlinge" (01.04.2015 – 31.03.2017 IN VIA Bayern e. V.) verfolgt die Entwicklung von Modellkonzepten zur Unterbringung junger Flüchtlinge sowie zu Übergängen zwischen den Bestandteilen des Jugendhilfesystems. Im Blickpunkt stehen insbesondere die Spezifika der Einrichtungen des Jugendwohnens nach § 13 Abs. 3 SGB VIII sowie der Erziehungshilfen nach § 27 ff. SGB VIII, deren Schnittstellen und die Übergänge zwischen ihnen.
- „Unbegleitete und begleitete minderjährige Flüchtlinge – Lebenslagen, Bedarfe, Erfahrungen und Perspektiven aus Sicht der Jugendlichen" (01.10.2015 – 31.12.2016 Deutsches Jugendinstitut) arbeitet an einer Exploration der Lebenslagen minderjähriger Flüchtlinge in Deutschland, die

der Gewinnung von Erkenntnissen über die Erfahrungen der jungen Flüchtlinge mit dem deutschen Hilfe- und Aufnahmesystem dient.

- Die Studie „Unbegleitete minderjährige Flüchtlinge in Einrichtungen der Kinder- und Jugendhilfe" von der IGfH, dem B-UMF und dem Ev. Fachverband erzieherische Hilfen RWL fand im Zeitraum von 06/2013 – 12/2015 statt. Sie hatte zum Ziel, zur praktischen Weiterentwicklung von Konzepten, Handlungsansätzen und Unterbringungsverfahren beizutragen. Dies sollte erreicht werden durch die systematische sozialpädagogische Bearbeitung der Frage, was unbegleitete minderjährige Flüchtlinge in der Kinder- und Jugendhilfe brauchen und wie eine stärkere Einbindung der Betroffenen bei der Ausgestaltung von Handlungsansätzen und Kernkonzepten gelingen kann. Die Ergebnisse sind seit Dezember 2016 in einer Buchveröffentlichung des IGfH-Verlags nachzulesen.

- Die Evaluation unbegleiteter minderjähriger Flüchtlinge des BVkE (Mai 2014 – Mai 2017) hat das Ziel, unter Berücksichtigung der Meinungen von Fachkräften, jungen Flüchtlingen und Kostenträgern eine Verbesserung der Angebote für unbegleitete Minderjährige und eine Qualifizierung der Fachkräfte zu ermöglichen.

4 Grundlegende Anforderungen an die Fachkraft

Im folgenden Kapitel werden Herausforderungen und Anforderungen für die Fachkraft beschrieben, die von grundsätzlicher Relevanz für die Arbeit mit unbegleiteten minderjährigen Flüchtlingen sind. Einleitend geht es um Haltungsfragen im interkulturellen Kontext. Worauf ist zu achten? Welche Missverständnisse können entstehen? Wie ethnozentristisch ist der Blick? Welche Blickverengung entsteht durch kulturalistische Zuschreibungen einerseits, welche eingeschränkte Sichtweise durch die Nicht-Beachtung einer anderen Sozialisation, die kulturell und religiös mitgeprägt ist, andererseits? Im darauf folgenden Abschnitt werden ausführlich potenzielle Kommunikationsprobleme aufgegriffen, die nicht nur, aber vor allem aufgrund eines fehlenden oder begrenzten gemeinsamen Wortschatzes und Sprachverständnisses zwischen Fachkraft und jungem Flüchtling entstehen können. Schließlich wird ein Blick auf die umfänglichen Vernetzungsaufgaben geworfen, sowie abschließend auf Fortbildungs- und Qualifizierungsbedarfe eingegangen.

4.1 Kultursensibilität – Zur Relevanz kultureller Aspekte

Jugendhilfe interkulturell zu gestalten, ist keine neue Herausforderung, Einwanderung ist kein neues Phänomen und der Umgang mit verschiedensten Kulturen keine neues Praxisfeld. Eine interkulturelle Pädagogik sollte in einem Land, in dem vielfältigste Zuwanderungen unterschiedlichster Menschen seit der Gründung der Bundesrepublik stattfinden, selbstverständlich sein. Ist das der Fall? Skepsis ist angebracht:

- Sozialer Arbeit ist es nur ansatzweise gelungen, multikulturelle Teams in Einrichtungen und Jugendämtern aufzubauen. Zwar gibt es keine gesonderte statistische Erfassung, aber die wenigen vorliegenden Zahlen (AGJ 2015) und die Erfahrungen der Praxis machen deutlich, dass Fachkräfte mit Migrationshintergrund unterrepräsentiert sind. Dieses Versäumnis erweist sich angesichts der Flüchtlingseinwanderung und dem Zuzug von begleiteten und unbegleiteten minderjährigen ausländischen Kindern und Jugendlichen als Nachteil.
- Soziale Arbeit scheint ebenso wenig befreit von kulturellen Klischees wie die Gesellschaft in ihrer Gesamtheit; zudem werden oft kulturalistische Erklärungsmuster herangezogen. So wird beispielsweise interpretiert, dass eine Frau zum Tragen eines Kopftuches von dem Mann/der Familie/der Community oder durch die Religion genötigt wird. Dies ist ein Erklärungsmuster, das in manchen Fällen durchaus tragfähig ist, gleichzeitig aber verkennt, dass viele Frauen hier autonom handeln und sich selbst sehr bewusst für das Tragen eines Kopftuches entscheiden.

Doch welche Rolle spielen kulturelle Besonderheiten, wenn es um die Integration der jungen Flüchtlinge und ihre Teilhabechancen an der deutschen Gesellschaft geht? Was sind Zuschreibungen? Welche Bedeutung hat die kulturelle Herkunft als Erklärung für Verhaltensweisen, die seitens der Fachkräfte und/oder der Gesellschaft als problematisch etikettiert werden?

Kritik an kulturalistischer Sichtweise

Die Kritik an kulturalistischen Sichtweisen ist ebenso alt wie die permanente Wiederverwendung solcher klischeehaften Erklärungsmuster. Kabis-Alamba kritisiert, dass sich die Praxis (der Jugendarbeit) allzu häufig auf eine Arbeit reduziert, in der einzelnen Adressatengruppen kulturelle Merkmale zugeschrieben werden, um daraus (gutgemeinte) Erklärungsmuster für das Handeln abzuleiten und entsprechende Arbeitskonzepte zu entwickeln (Kabis-Alamba 2000).

Kultur wird zudem oft mit Nationalkultur gleichgesetzt, wogegen ökonomische oder sozialstrukturelle Rahmenbedingungen außer Acht gelassen werden. Ein Hirtenjunge aus Afghanistan und eine Studentin aus Kabul sind aber nur bedingt vergleichbar. Und ein junger Flüchtling aus dem Irak kann beispielsweise der sunnitischen Glaubensrichtung des Islam angehören, sich jedoch ebenso gut der schiitischen Auslegung des Korans verbunden fühlen oder zu den Hunderttausenden im Irak lebenden Christen oder Jeziden zählen, auch ein nicht gelebter Glaube oder eine atheistische Einstellung ist möglich. Es besteht die Gefahr, bei unreflektierter Bezugnahme auf kulturell-ethnische Bezugsmuster den einzelnen jungen Flüchtling in eine „Schublade zu stecken" und dabei sein konkretes Handeln und seine individuelle Sozialisation aus dem Blick zu verlieren.

Als weiterer zentraler Kritikpunkt an einer zu stark kulturalistisch geprägten Sichtweise wird benannt, dass jeder Mensch in der Lage ist, sich mit kulturell vermittelten Werten und Orientierungen kritisch auseinander zu setzen.

> „Gerade [...] MigrantInnen haben ihre Herkunftsgesellschaft freiwillig oder unfreiwillig verlassen und stellen sich tagtäglich auf veränderte Bedingungen ein. Jedes Individuum, warum also nicht auch MigrantInnen, ist grundsätzlich in der Lage, sich mit vorgefundenen kulturellen Traditionen kritisch auseinanderzusetzen."
> (Kabis-Alamba 2000, 21)

Sonst wären gesellschaftliche Veränderungen nicht denkbar. In Deutschland fand eine zentrale Umbruchphase zum Beispiel in den 1968er Jahren statt, für den arabischen Raum ist die — weitgehend als gescheitert anzusehende — Arabellion („Arabischer Frühling") zu nennen.

Sensibilisierung für die sozialen Lebensumstände

Eine sich interkulturell verstehende Praxis soll und muss durchaus kulturelle Besonderheiten und daraus resultierende Handlungsmuster einbeziehen, sie darf sich nur nicht darauf reduzieren, zumal die Gefahr besteht, diese undifferenziert auf die gesamte Gruppe eines Herkunftsraumes zu projizieren. Wer „mit einzelnen, erstarrten Kulturelementen arbeitet [...] riskiert damit, diese Jugendlichen an der Entwicklung eigener Interessen und einer eigenen Identität zu hindern. Dieser Prozess wird häufig dadurch verstärkt, dass MigrantInnen die ihnen von außen aufgezwungene Ethnisierung übernehmen" (Kabis-Alamba 2000, 26).

Ziel ist es, multidimensionale Erklärungen für das Handeln der Jugendlichen zu sehen und daraus für die eigene Arbeit weitergehende Handlungsmuster abzuleiten.

BEISPIELE

Ursachen von Streitigkeiten
Wenn zwei Jugendliche miteinander in Streit geraten, diese aus unterschiedlichen Herkunftsregionen oder Ländern kommen, womöglich unterschiedlichen Religionen angehören, so werden zur Klärung des Konflikts schnell kulturelle und religiöse Muster angewendet, etwa „Türken und Kurden / Sunniten und Schiiten haben sich noch nie verstanden". Denkbar wäre aber ebenso ein typischer Jugendkonflikt, der völlig andere Hintergründe haben kann oder der z. B. aufgrund aufgestauter Aggressionen ausgebrochen ist.

Gründe für emotionale Regungen
Ein junges Mädchen aus Eritrea fängt ohne erkennbaren Anlass zu weinen an. Der erste Gedanke vieler Pädagogen wäre vermutlich, (unbearbeitete) Traumata als Grund anzunehmen. Diese Sensibilität ist selbstverständlich positiv zu werten, wenngleich es auch hier der Fall sein kann, dass zu schnell die gedankliche Verbindung zur Flucht hergestellt wird. Vielleicht hat das Mädchen Liebeskummer oder fühlt sich einsam oder hormonelle Stimmungsschwankungen machen ihr zu schaffen usw.?

Auslöser für Gewalt
Zwei junge Flüchtlinge gehen aufeinander los, weil der eine Flüchtling die Freundin des anderen „angemacht" hat. Ein häufig genutztes Erklärungsmuster lautet dann: verletzte, gekränkte Ehre. Dies kann durchaus der Fall sein, genauso gut könnte es aber z. B. eine Schlägerei aus Eifersucht sein, so wie sie auch unter deutschen Jugendlichen vorkommt.

Die ursächlichen Gründe lassen sich nur durch empathisches Nachfragen und grundsätzliche gedankliche Offenheit für verschiedene Deutungen herausfinden.

Adoleszenz versus kultureller Zuschreibungen

Ein großer Teil der unbegleiteten Minderjährigen sind keine Kinder mehr, sondern Jugendliche zwischen 15 und 18 Jahren. Sie befinden sich in der Adoleszenz. Entsprechend sind zusätzlich zu Erfordernissen, die die migrationsbedingte Situation mit sich bringt, „normale" jugendtypische Entwicklungsschritte zu bewältigen, die sich weitgehend unabhängig von kulturellen Kontexten und Einflüssen vollziehen. Die jungen Flüchtlinge haben sich mit physischen und psychischen Veränderungen auseinanderzusetzen, sowie mit den Normen und Werten der Erwachsenenwelt und dem Verhältnis zur eigenen Sexualität. Die Adoleszenzphase ist ein komplexer anspruchsvoller Prozess, der zu einer eigenen Identität als Erwachsener führt. (Auffällige) Verhaltensweisen sind entsprechend auch vor diesem Hintergrund zu betrachten:

- Ist das unbeholfene, machohafte Ansprechen von Mädchen der Herkunftskultur geschuldet oder der Adoleszenz? Auch deutsche Jungen kennen die Rolle des „coolen Machos".
- Ist ein plötzlicher Aggressionsschub hormonell bedingt oder z. B. eine Trauma- oder Trennungsfolge?
- Es liegt nahe, dass das immer wieder von Fachleuten benannte sehr große Schlafbedürfnis der jungen Flüchtlinge eine Folge der Flucht ist. Die Strapazen, das permanente „auf der Hut sein müs-

sen", die erlebte Anspannung wird ausgeglichen durch Ausruhen und „Abschalten" in einem sicherem Umfeld. Aber auch pubertierende Jungen und Mädchen kennen das „Schlafen bis in die Puppen" und das Aufstehen erst zum Mittagessen.

Aspekte kultureller Sozialisation

Und dennoch spielt die kulturell eingebundene Sozialisation eine wichtige Rolle: Eine Leugnung kultureller Differenzen und eine Negierung der Relevanz der unter anderen kulturellen Milieus stattgefundenen Sozialisation der jungen Flüchtlinge ist nicht sinnvoll. Die Familie spielt eine zentrale Rolle bei der Erziehung und bei Entscheidungen, Männer und Frauen haben unterschiedliche Rollenzuweisungen und -aufgaben, die innerfamiliären Konstellationen sind enger gefasst, als in vielen deutschen Familien, Gewalt als Erziehungsmittel und Form der Auseinandersetzung z. B. zur Verteidigung der „Ehre" ist ausgeprägter, arrangierte Ehen (nicht zu verwechseln mit Zwangsehen) sind weit verbreitet, u. a.m. (Toprak 2010).

In der Arbeit mit den unbegleiteten minderjährigen Flüchtlingen ist ein Hintergrundwissen über die Denkmuster, Sozialisationserfahrungen und religiösen Einflüsse bedeutsam. Es geht nicht um „Vorurteile", sondern um Kenntnisse der Lebenswelten, aus denen die Jugendlichen stammen. Die Geschäftswelt hat die Relevanz von kulturell geprägten Verhaltensweisen und Erwartungshaltungen schon früh erkannt und in diversen Ratgebern und Managementschulungen aufgegriffen (z. B. Business Etikette in den arabischen Golfstaaten; Kratochwil 2004).

--- BEISPIELE

Andere Bedeutung von Gesten
Beispielsweise wird das Bilden eines Kreises aus Zeigefinger und Daumen und das Hochhalten der anderen Finger bei uns als Okay, als Lob aufgefasst. In Frankreich und Italien dagegen steht die Geste für „null" oder „schlecht", in Japan für „Geld"

und in arabischen Ländern wird sie eher als Drohgebärde verstanden (www.nonverbale-kommunikation.info, 11.04.2016).

Andere Vorstellungen von Nähe und Distanz
In Deutschland ist ein kräftiger Händedruck durchaus nicht ungewöhnlich und wird z. B. als Zeichen von Durchsetzungsfähigkeit wahrgenommen. In arabischen Ländern wird kräftiges Händeschütteln oder -drücken als unangenehm empfunden. Auch ist es nicht üblich, dass Männer Frauen die Hände geben (Kratochwil 2004).

Andere Rituale
In arabischen Ländern ist es „normal", ein Angebot zweimal höflich abzulehnen, da erst das dritte Angebot als aufrichtig empfunden wird (Kratochwil 2004).

Religiöse Vorstellungen über „Schmutz" und Reinlichkeit
Das Essen von Schweinefleisch ist für gläubige Muslime mit der Religion nicht vereinbar. Schweine gelten als „unsauber". Dieses Wissen hat sich mittlerweile bis in die Mitte der Gesellschaft verbreitet. Auch dass viele muslimische Familien ihre Schuhe vor der Tür ausziehen, ist weitgehend bekannt. Durch die Berührung mit dreckiger Erde sind diese beschmutzt. Aber auch Hunde in einer Einrichtung oder im Haushalt können ein Problem sein. Auf einer Tagung wird berichtet, ein junger Syrer habe die Aufnahme in eine Pflegefamilie abgelehnt, weil diese einen Hund im Haushalt hatte. Hunde sind in arabischen Ländern keine Haustiere, auch sie gelten als schmutzig.

Andere Esskultur
Während gläubige Juden nur koscheres Essen zu sich nehmen, gilt bei gläubigen Hindus das Rind / die Kuh als heilig und darf entsprechend nicht verzehrt werden. Die meisten unbegleiteten minderjährigen Flüchtlinge stammen aus dem arabischen und vorderasiatischen Raum, in dem viele Moslems leben. Für sie müssen Lebensmittel halal sein. Der Begriff stammt aus dem Arabischen und bedeutet so viel wie „erlaubt". Was

> halal bzw. haram (verboten) ist, sollte zum Grundwissen einer pädagogischen Fachkraft gehören. Schweinefleisch und Produkte, die Schwein enthalten wie beispielsweise Gelatine sind ebenso tabu wie das Fleisch anderer Tiere, wenn diese nicht nach dem islamischen Ritus geschlachtet wurden. Auch Gerichte mit Blut oder Alkohol sind nicht erlaubt (www.islamologie.info, 11.04.2016).
>
> Die linke Hand gilt im arabischen Raum als unsauber, weshalb die rechte Hand zum Essen genutzt wird. Zwischendurch findet eine Reinigung in aufgestellten Wasserschalen statt.

Die wenigen Beispiele veranschaulichen, dass Wissen über die Sozialisation, Kultur und/oder Religion hilfreich ist, um Reaktionen, Entscheidungen und Verhaltensweisen der jungen Flüchtlinge nachvollziehen zu können. Kulturelles Verständnis lässt sich nicht immer ganz einfach herstellen, aber das Beobachten von kulturellen Gebräuchen kann ein guter Gesprächsanlass sein, der den jungen Flüchtlingen Interesse an ihrem „vorherigen" Lebensraum und ihrer Sozialisation und Kulturation signalisiert. Jede Fachkraft sollte die Bereitschaft mitbringen, sich immer wieder neu einer nicht eindeutig vorab endscheidbaren Gratwanderung zu stellen „zwischen kulturellem Relativismus und kulturellem Universalismus. Gleitet jemand zu stark in kulturrelativistische Positionen ab, verkehrt sich die angenommene ‚gleiche Gültigkeit' von Kulturen in Gleichgültigkeit. Überwiegt eine universalistische Sichtweise, kann dies zu kulturellen Dominanzbildungen und Ethnozentrismen führen" (Bolten 2012, 116).

TIPP FÜR DIE FACHKRAFT

Die Fachkräfte in den Einrichtungen, die Mitarbeiter und Mitarbeiterinnen in den Jugendämtern, die Vormünder und auch die Einrichtungsträger und Fachbehörden sind aufgefordert, an ihrer Fachlichkeit z. B. in Teamsitzungen oder Supervisionen zu arbeiten bzw. diese daraufhin zu prüfen, ob ausreichend interkulturelle Kompetenz im Zusammenhang mit der Arbeit mit unbegleiteten minderjährigen Flüchtlingen gegeben ist.

Fachkräfte mit Zuwanderungsgeschichte

Auch in Bezug auf Fachkräfte mit Migrationshintergrund sind kulturalistische Zuschreibungen auszumachen, denn es werden bei ihnen spezifische Ressourcen vermutet wie interkulturelle Kompetenz, Mehrsprachigkeit oder Empathievermögen auf Grundlage eigener Migrationserfahrungen. Verbunden wird damit die Zuschreibung/Erwartungshaltung, dass diese Kollegen besonders gut mit Adressaten umgehen können, die ebenfalls einen Migrationshintergrund aufweisen. Inwiefern die positiven Erwartungen in Bezug auf interkulturelle Kompetenzen gerechtfertigt sind, lässt sich nicht bemessen. Letztlich ist ein Migrationshintergrund nicht per se Ausdruck einer spezifischen Fachlichkeit, und die Lebenslagen von Menschen mit Migrationshintergrund und von unbegleiteten minderjährigen Flüchtlingen sind nicht homogen (AGJ 2011a). Die Träger vor Ort sehen dennoch in der Anstellung von Migranten fast immer die damit oft verbundenen Vorteile — allein schon aufgrund der sprachlichen Verständigungsmöglichkeiten.

Zusammenfassend kann festgehalten werden, dass die Menschen mit Migrationshintergrund in der Sozialen Arbeit im Kontext unbegleiteter minderjähriger Flüchtlinge eine wichtige Stütze darstellen können, es aber nicht zwingend sein müssen. Es gilt „noch eine andere unbequeme Wahrheit: Auch MigrantInnen verfügen nicht zwangsläufig über eine reflektierte, professionellen Ansprüchen genügende ‚interkulturelle Kompetenz'" (Kabis-Almba 2000, 27).

Eine Evaluation, die ein interkultureller Träger in Berlin in Auftrag gegeben hatte, um zu erforschen, ob das „Interkulturelle" wirkt, kam zu einem ernüchternden Ergebnis:

> „Die übergreifende Frage, ob nun der interkulturelle Kontext einer Hilfe [...] bedeutsam für die Hilfezufriedenheit und den Erfolg ist, bleibt [...] letztendlich offen." (Thimm 2012, 117)

Dennoch: Personal mit Migrationshintergrund kann ein Impuls zu interkulturellem Lernen sein. Für den jungen Flüchtling kann zudem eine gewisse „Vertrautheit" entstehen. Und für sie ist die Wahloption zwischen deutschen Pädagogen oder einer Fachkraft mit Migrationshintergrund sicher vorteilhaft. Dies allein schon deshalb, weil dadurch u. U. eine Kommunikation in der Herkunftssprache möglich wird.

Das Blatt gewendet – Die Sicht der jungen Flüchtlinge

Die gemachten Ausführungen beziehen sich im Wesentlichen auf die Rolle der Fachkraft und die Aufgaben, die sich der Fachkraft im Umgang mit minderjährigen jungen Flüchtlingen stellen. Besonders hilfreich ist es, als Fachkraft die Perspektive der Jugendlichen einzunehmen. Wie nehmen sie das Leben in Deutschland wahr, welche Interpretations- und Anpassungsleistungen müssen sie erbringen und welche (alltags)praktischen Aufgaben haben sie zu bewältigen? Die jungen Flüchtlinge sind konfrontiert mit, allenfalls aus den Medien bekannten, völlig fremden sozialen und politischen Strukturen. Sie treffen auf weitgehend unbekannte und ungewohnte kulturelle Normen (z. B. Küssen in der Öffentlichkeit, Frauen in Männerberufen oder als Pädagoginnen). Die kulturellen Gepflogenheiten sind anders. Man möge sich beispielsweise nur vorstellen, ein gläubiger afghanischer Jugendlicher kommt nach seiner Flucht zur Karnevalszeit in Köln an. Der inflationär verwendete Begriff Kulturschock wäre in diesem Fall sicher zutreffend. Des Weiteren erleben die jungen Flüchtlinge ein völlig anders Schulsystem; sie haben mit der sprachlichen Barriere ein zusätzliches Hindernis zu überwinden, um richtig „ankommen" zu können. Die Unkenntnis über Strukturen in Deutschland kommt hinzu. Welche Aufgaben hat ein Vormund, welche die pädagogische Kraft in einer Einrichtung, welche das Jugendamt? Warum sind so viele Personen zuständig? An wen kann ich mich wenden? Wer hat in welchem Kontext welche Zuständigkeit? Warum dauern Entscheidungen so lange? Wie ist es um meinen Aufenthalt bestellt? Welche Rechte und Pflichten gibt es? Wie gelingt mir ein gesellschaftlicher und beruflicher Einstieg? Diese enormen Belastungen und Herausforderungen können Hilflosigkeit entstehen lassen oder das Gefühl von Fremdheit verstärken.

TIPP FÜR DIE FACHKRAFT

Im Kontext kultureller Aspekte sind für die Fachkraft zusammenfassend insbesondere die folgenden Überlegungen und Hinweise relevant:

- Kenntnisse über die Herkunftsländer, die ethnischen, religiösen oder politischen Gegebenheiten und die kulturellen Herkunftsräume sind durchaus hilfreich. Sie erleichtern Gespräche und fördern in vielen Fällen das Verstehen von Handlungen der Jugendlichen.
- Fachkräfte benötigen die Fähigkeit, fremdkulturelles Denken und Handeln nachzuvollziehen. Die Kultur darf jedoch nicht als das den Menschen allein prägende Merkmal angesehen werden. Zudem ist die Relevanz der kulturellen Hintergründe bei jedem jungen Flüchtling unterschiedlich ausgeprägt und daher individuell zu betrachten.
- Die Wahrnehmung der jugendlichen Flüchtlinge als eine scheinbar fest umrissene Zielgruppe fördert eine fragmentarische Sichtweise und führt zu einer selektiven Betrachtungsweise. Ein Video im Internetkanal YouTube zeigt dies anschaulich. Der Zuschauer wird aufgefordert, zwei Teams von jungen Menschen zuzuschauen, die sich einen Ball zuwerfen. Er soll die Anzahl der Würfe einer der Mannschaften zählen. Durch die Fokussierung auf den Ball entgeht der Mehrheit der Beobachter, wie ein Mensch im Gorillakostüm gemächlich durch die Gruppe schreitet (www.youtube.com/watch?v=H-VALCbfAG00, 11.04.2016). Dieser selektiven Wahrnehmung unterliegen alle Menschen. Nur der Versuch, möglichst reflektiert und wenig „engstirnig" in die Welt, in die Gesellschaft, auf den Einzelnen zu blicken, trägt zu einer umfassenderen,

ganzheitlicheren Sicht und zu einer wertfreieren und vorurteilsfreieren Beobachtung und Interpretation bei.
- In Bezug auf unbegleitete minderjährige Flüchtlinge ist bei einem „offenen Blick" gezieltere Förderung möglich. Ein regelmäßiger Austausch mit den Kollegen und Kolleginnen weitet einen zu engen Fokus.
- Interkulturelle Kompetenz drückt sich auch in der non-verbalen Kommunikation aus. Jede Kultur verfügt über nichtsprachliche Normen und Verständigungssymbole. Daher ist es zur Konfliktvermeidung und zur Kommunikation notwendig, den Bedeutungsgehalt von Gesten oder Symbolen zu kennen. Die Symbole aus der eigenen Kultur lassen sich nicht ohne Weiteres übertragen.
- Über vermeidbare kulturelle Missverständnisse in Bezug auf Religion, Körpersprache, (Ess-)Kultur informiert u. a. die Internetseite www.deutschewillkommenskultur.wordpress.com (11.04.2016).
- Auch viele Businessratgeber befassen sich mit Gepflogenheiten in anderen Ländern und Kulturkreisen (z. B. www.cross-cultures.de, 11.04.2016).
- Für jede Fachkraft, gleichgültig ob mit oder ohne Migrationshintergrund, erfordert der Umgang mit kulturellen Differenzen sowie unterschiedlichen normativen Überzeugungen der jungen Flüchtlinge eine hohe Fähigkeit, mit den Ambivalenzen umzugehen.
- Nötig ist auch die Reflexion der eigenen kulturellen Prägungen und eine Auseinandersetzung mit der eigenen Persönlichkeit.
- Wichtig ist die Bereitschaft, nicht nur „unsere" Kultur zu vermitteln, sondern auch für „andere" Kulturen offen zu sein.
- Fachkräfte sollten sich die Neugier für andere Lebensformen, Lebenserfahrungen und Denkmuster bewahren. Dies erleichtert den Zugang zu den unbegleiteten Minderjährigen.
- Die Förderung interkultureller Kompetenzen durch Austausch, Fortbildung oder Supervision kann eine wichtige Unterstützung für die Arbeit darstellen.

- „[...] und wir müssen wirklich sämtliche verfügbaren Kanäle öffnen und alle Antennen meilenweit ausfahren, um unsere Fremdwahrnehmung noch deutlicher zu erspüren!" (Asci 2012, 13).

Zur ausführlicheren Befassung mit **interkultureller Kompetenz** ist die Homepage der Landeszentrale für politische Bildung Thüringen zu empfehlen (www.ikkompetenz.thueringen.de, 11.04.2016).

4.2 Gestaltung von Kommunikationsprozessen

„Ohr, höre die andere Seite der Frage, ehe du entscheidest."
(Sprichwort der Yoruba / Afrika)

Kaum ein junger Flüchtling beherrscht bereits bei seiner Ankunft die deutsche Sprache. Umgekehrt spricht kaum ein Pädagoge die Sprache der jungen Flüchtlinge. Entsprechend schwierig gestaltet sich die Kommunikation. Es bleibt der Fachkraft lediglich die Option „mit Händen und Füßen" zu „reden" oder sich über gemeinsame Zweitsprachen wie z. B. Englisch oder Französisch zu verständigen. Doch auch dadurch bleibt die Kommunikation eingeschränkt. Eine weitere Option, die jedoch nur begrenzt hilfreich ist, sind moderne Kommunikationsmittel mit Übersetzungsfunktionen. Für besonders relevante Gespräche sind Dolmetscher einzubeziehen.

Jede Kommunikation unterliegt der Gefahr von Missverständnissen. Umso mehr gilt dies für eine Kommunikation, die nicht in der Muttersprache stattfinden kann oder gedolmetscht werden muss. Noch größer ist das Risiko von Missverständnissen, wenn zudem kulturelle Unterschiede zu überbrücken sind. Auch eine genderspezifische Sozialisation erhöht Verständigungsprobleme. Zum Verständnis über Kommunikationsabläufe bietet sich als Erklärung das Kommunikationsmodell von Friedemann Schulz von Thun an.

- **Kommunikation:** Das Senden und Empfangen einer Botschaft geschieht immer auf vier Wegen.
- **Botschaft:** Sie beinhaltet immer eine Sachebene, einen Beziehungsaspekt, eine Selbstoffenbarung und einen Appell. Er verwendet das Bild von vier Schnäbeln, durch die diese Botschaften transportiert werden.
  - **Sachebene:** Sie vermittelt alle nötigen Fakten und Daten einer Nachricht.
  - **Selbstkundgabe:** Dies ist eine Offenbarung von momentaner Stimmung, heimlichen und offenen Motiven, positiven und negativen Gefühlen und Gedanken.
  - **Beziehung:** Durch Gesten und Mimik übermittle ich, was ich vom Gesprächspartner halte.
  - **Appell:** Dies sind die Absichten, die verfolgt werden. Sie transportieren, was ich vom Gegenüber will, was ich erreichen möchte.
- **Empfänger der Botschaft:** Derjenige, der die Botschaft empfängt, kann den Inhalt auf denselben vier Ebenen – bildlich vier Ohren – hören. Entsprechend bekommt die Botschaft jeweils eine andere Bedeutung, je nachdem, mit welchem Ohr die Botschaft aufgenommen wird (Schulz von Thun 2016).

Sehr anschaulich wird das **Kommunikationsmodell** *in einem Video bei YouTube präsentiert (www.youtube.com/watch?v=3e3xLzzExE8, 12.04.2016).*

Es wird deutlich, dass gelingende Kommunikation als solche schon eine Herausforderung darstellt. Man nehme nur die Kommunikation zwischen Männern und Frauen, zwischen alten und jungen Menschen oder zwischen Menschen aus unterschiedlichen sozialen Milieus. Eine gelingende Kommunikation mit unbegleiteten minderjährigen Flüchtlingen (fast) ohne Sprache ist umso herausfordernder. Jeder Kommunikationsversuch erfordert erhöhte Aufmerksamkeit, gute Beobachtung, viel Übung und ein Verständnis jugendlicher und kulturbedingter Sprachcodes sowie in Bezug auf Dolmetscher gute Vorabsprachen und eine gute Reflexion. Die folgenden Punkte können nun zum Nachdenken über Kommunikation anregen:

- Man kann nicht nicht kommunizieren, „denn jede Kommunikation (nicht nur mit Worten) ist Verhalten und genauso wie man sich nicht nicht verhalten kann, kann man nicht nicht kommunizieren" (Watzlawick, 25.04.2016).
- Jedes Verhalten, ebenso jedes vermeintliche Nicht-Verhalten, sagt etwas aus, hat Relevanz, wird vom Beobachter „übersetzt", ist Ausdruck, ist Sprache.
- Auch Mimik, Gestik und Körperhaltung sind interpretationsbedürftig und kulturabhängig, somit nicht eindeutig.
- Bei einer Botschaft kann ein Jugendlicher/eine Fachkraft/ein Kollege unterschiedliche Facetten heraushören, je nach Stimmungslage, Situation und persönlicher Befindlichkeit.
- Sich nicht in der Muttersprache ausdrücken zu können, beeinträchtigt in erheblichem Maße das Ausdrücken von Gefühlen und Empfindungen. In kommunikativen Prozessen sind viele Stolpersteine zu überwinden:

– „Gedacht heißt nicht immer gesagt,
– gesagt heißt nicht immer richtig gehört,
– gehört heißt nicht immer richtig verstanden,
– verstanden heißt nicht immer einverstanden,
– einverstanden heißt nicht immer angewendet,
– angewendet heißt noch lange nicht beibehalten."
(Lorenz, 27.04.2016)

Sprach- und Kulturmittler

Die Idee eines Tätigkeitsbildes von Sprach- und Kulturmittlern ist im Kontext der Flüchtlingszuwanderung entstanden. In Hamburg sind z. B. 68 Sprach- und Kulturmittler beim Landesbetrieb Erziehung und Beratung speziell für unbegleitete minderjährige Flüchtlinge eingestellt (Bürgerschaft Hamburg 2015). Sie haben eine über das Dolmetschen hinausgehende Rolle. Es müssen Personen sein, die fähig sind, zu übersetzen, sie benötigen aber vor allem auch Einfühlungsvermögen bei gleichzeitiger Rollendistanz, zudem ist soziokulturelle Vermittlungskompetenz wichtig sowie eine hohe Kooperations- und Kommunikationsbereitschaft, aber auch Konfliktfähigkeit. Kultur- und Sprachmittler sind „näher am Jugendlichen" als ein Dolmetscher oder z. T. auch als die Pädagogen der Einrichtung, vor allem da sich die sprachliche Kommunikation einfacher gestaltet. Im Allgemeinen sind Kultur- und Sprachmittler keine ausgebildeten pädagogischen Fachkräfte (LEB-Zeit 2015).

Neben den Chancen, die dieses Konzept birgt, ist immer auch ein gewisses Risiko gegeben. Was der Kultur- und Sprachmittler sagt, wie er es sagt, welche Werte und Normen er transportiert u. a.m. ist nur schwer nachvollziehbar. In Hamburg beispielsweise haben zwei Salafisten versucht, über diese Rolle Einfluss auf die unbegleiteten minderjährigen Flüchtlinge zu nehmen (Herder/Riefenstahl 2015).

Rolle von Dolmetschenden

„Die Zunge ist die Übersetzerin des Herzens."
(arabisches Sprichwort)

Durch professionelle Dolmetscher soll das pädagogische Personal unter anderem Hilfestellung bei der Überwindung von Interaktionsproblemen aufgrund sprachlicher und/oder kultureller Schwierigkeiten erhalten, etwa bei Arztbesuchen oder im Asylverfahren. Zentral ist eine gute Auswahl des Dolmetschenden (sofern angesichts der hohen Nachfrage eine Auswahlmöglichkeit besteht). Nur ein Dolmetscher, der selber die deutsche Sprache gut beherrscht, kann das Gesagte einer anderen Person adäquat weitervermitteln.

Dolmetscher sollten sich ihrer Rolle bewusst sein und sich entsprechend neutral und unparteiisch verhalten. Ein Dolmetscher zählt i. d. R. nicht zum Personal der Einrichtung, ist sporadisch angefragt und nicht in die Teamstruktur und die alltäglichen Prozesse involviert. Somit hat er keine pädagogische Funktion. Diese Rollenklarheit muss zwischen Fachkräften und Dolmetschenden hergestellt werden.

Kollegen in der Dolmetscherrolle

Selbstverständlich spricht nichts gegen dolmetschende Kollegen und Kolleginnen. Allerdings geraten sie in eine spezielle Rolle sowohl den Jugendlichen als auch den anderen Mitarbeitern gegenüber. Überforderung ist nicht auszuschließen, zudem können durch die Sonderrolle eventuell Teamkonflikte entstehen.

Dolmetschende „Gleichaltrige"

Im Kontext von Migration ist es üblich, auch Angehörige oder Kinder übersetzen zu lassen. Bei jungen Flüchtlingen ist es naheliegend, andere junge Flüchtlinge einzusetzen, die die deutsche Sprache bereits besser beherrschen. Dies ist etwa im Gruppenalltag sicherlich sinnvoll und unproblematisch, sollte aber in anderen Kontexten vermieden werden, weil die Wahrscheinlichkeit einer Überforderung der Dolmetschenden besteht. Zudem ist anzunehmen, dass ein jugendlicher Flüchtling Hemmungen haben wird, Gleichaltrigen gegenüber Persönliches preiszugeben oder über Probleme zu sprechen.

Dolmetschende Ehrenamtliche

Auch Menschen aus der Zivilgesellschaft bieten sich als Dolmetschende an. Bei allem Respekt für deren Engagement sollte in professionellen Kontexten im Umgang mit jungen unbegleiteten Flüchtlingen davon möglichst Abstand genommen werden (z. B. aufgrund von potenziell unzureichenden Kompetenzen, Datenschutz, Gefahr eigener Traumatisierung).
Bei der Arbeit mit Dolmetschern und Dolmetscherinnen gilt es, einige Aspekte zu reflektieren:

- Gibt es seitens des Jugendlichen Vorbehalte oder Ängste gegenüber dem Sprachmittler, etwa weil er einer anderen Ethnie angehört oder weil der junge Flüchtling befürchtet, dass Informationen in der Community weitergegeben werden oder weil

es sich um einen Dolmetscher anderen Geschlechts handelt? Der Jugendliche sollte ermuntert werden, seine Bedenken offen zu äußern.
- Viele Übersetzungskontexte sind vergleichsweise unproblematisch. Wenn Dolmetschende aber in hoch belastenden Gesprächssituationen aktiv werden, müssen sie lernen, mit Belastungen gut umzugehen, um Selbstgefährdungen zu reduzieren. Die Gefahr einer sekundären Traumatisierung ist nicht auszuschließen **(Kapitel 6.2)**.
- Wichtig ist auch, die eingesetzten Dolmetscher darauf hinzuweisen, dass sie der Schweigepflicht unterliegen. Eine schriftliche Erklärung ist einzufordern. Der Dolmetschende sollte zudem ein erweitertes Führungszeugnis vorlegen.
- Es ist darauf zu achten, dass die Spracheinheiten auf beiden Seiten kurz gehalten werden und eine umgehende Übersetzung erfolgt. Der Dolmetschende sollte angehalten werden, auch scheinbar unwichtige Zwischenbemerkungen mit zu übersetzen.
- Es ist eine hohe Transparenz herzustellen. Nur so kann ein respektvoller und vertrauensvoller Umgang in der Dreierkonstellation erreicht werden.

⌐' *Die Handreichung* „**Sprachsensibel beraten – Praktische Tipps für Beraterinnen und Berater**" *der Fachstelle Berufsbezogenes Deutsch (www.deutsch-am-arbeitsplatz.de/fileadmin/user_upload/PDF/ Handreichung_Sprachsensibel_beraten.pdf, 12.04.2016) zeigt prägnant und anschaulich, wie ein Gespräch sprachsensibel geführt werden kann. Viele Tipps lassen sich problemlos übertragen auf den Kontext der Arbeit mit unbegleiteten minderjährigen Flüchtlingen.*

Vernetzungsanforderungen

"Mit nur einer Hand lässt sich kein Knoten knüpfen."
(aus der Mongolei)

Kooperation, interdisziplinäre Zusammenarbeit, Überwindung der Versäulung — damit sind Anforderungen an die Praxis wie die Organisationen sozialer Arbeit benannt, die zunehmend an Relevanz gewinnen. In der Fachdebatte finden sich der Anspruch und die Forderung allenthalben, die Vernetzung im Interesse der Kinder- und Jugendlichen und zur Effizienzsteigerung der Systeme, zumeist verbunden mit der Idee einer Kostenreduzierung, voranzutreiben. So tauchen die Begriffe Kooperation, Vernetzung und Zusammenarbeit z. B. im 14. Kinder- und Jugendbericht der Bundesregierung mit 222 Mal ausgesprochen häufig auf (BMFSFJ 2013).

Die Praxis der Kooperation gestaltet sich oft schwierig. Die jeweiligen Berufsgruppen und Organisationen verfolgen z. T. differierende Interessen, haben unterschiedliche Aufträge, schauen aus verschiedenen Blickwinkeln auf die zu unterstützenden Personen und haben zudem fachspezifische Herangehensweisen. Die Verbindlichkeit der Kooperation ist nur z. T. per Dienstanweisung oder Gesetz geregelt. Außerdem sind die Finanzierungsmodalitäten für die erbrachten Leistungen meist unterschiedlich und erschweren zusätzlich die Zusammenarbeit. Im Kontext der Arbeit mit minderjährigen unbegleiteten Flüchtlingen zeigen sich Kooperationsvielfalt und Kooperationsnotwendigkeiten in ganz besonders ausgeprägter Form. Dabei gilt es, etliche Verbindungen zu Bereichen herzustellen, die nicht „klassische" Partner der Jugendhilfe sind (z. B. Rechtsanwälte, Ausländerbehörde, ehrenamtliche Unterstützer oder Flüchtlingsinitiativen). Die Kommunikation kann durch die Sicht- und Denkweisen der Akteure bereichernd, aber auch problematisch sein.

Eine Auflistung der potenziellen Kooperationspartner ist beeindruckend. Ein Netzwerk zu folgenden Akteuren kann sich aufspannen:

- Kinder- und Jugendhilfe (z. B. öffentliche Träger wie (Landes)Jugendämter, freie Träger der Kinder- und Jugendhilfe, Vormün-

der, Vormundschaftsvereine, ambulante Hilfen, Jugendgerichtshilfe, Pflegekinderhilfe, Migrationsfachdienste);
- Gesundheitsbereich (z. B. (Fach)Ärzte, (Psycho-, Physio-, Ergo-) Therapeuten, (Fach)Klinken, Therapieeinrichtungen, freiberufliche Therapeuten, Kinder- und Jugendpsychiatrie);
- Ausländerbehörde, Bundesministerium für Migration und Flüchtlinge;
- Justiz (z. B. Familiengericht), Polizei (insbesondere in den Fällen, bei denen die Integration nicht reibungslos verläuft) und Rechtsanwälte (vor allem im Asylverfahren, im Zusammenhang mit Abschiebungen);
- (Berufs)Schulen (z. B. Lehrkräfte, Schulsozialarbeiter), Volkshochschulen, Bildungsträger, ehrenamtliche Nachhilfelehrer etc.;
- Dolmetscher, Kultur- und Sprachmittler, Mitarbeitende in Sprachkursen;
- Ehrenamtliche, Helfer im Freiwilligen Sozialen Jahr etc.;
- Flüchtlingsorganisationen;
- Verwandte, Landsleute, Fluchtgemeinschaften, Peergroups;
- Arbeitskreise, „runde Tische", andere Kollegen, Leitungskräfte;
- übergeordnete Verbände (z. B. Erziehungshilfeverbände, Wohlfahrtsverbände, Verbände im Bereich von Jugendarbeit und Jugendfreizeit);
- Ämter (z. B. Wohnungs- oder Sozialamt, Arbeitsagenturen);
- Wirtschaft (z. B. Arbeitgeber, Ausbilder, Übergangsmaßnahmen);
- Freizeitbereich (z. B. Freizeitheime, Jugendzentren, Kultureinrichtungen, Musikschulen, Sportvereine, sonstige Vereine)
- Politik, Medien, Wissenschaftler etc.

--- TIPPS FÜR DIE FACHKRAFT

- Bei einigen der genannten Akteure ist eine Zusammenarbeit denkbar, wünschenswert oder sinnvoll, mit anderen ist sie unvermeidlich und zwingend.
- Wenn es gelingt, gute Kooperationsbeziehungen zu den Akteuren herzustellen, kann von einer höheren Wahrscheinlichkeit gelingender Hilfeprozesse ausgegangen werden. Und bei

gutem Willen lassen sich trotz vorhandener Differenzen und Eigendynamiken der jeweiligen Systeme oft Lösungen für den Einzelfall erzielen. In Gesprächen mit Fachkräften wird immer wieder deutlich, dass der „gute Wille vieles ermöglicht, was eigentlich gar nicht geht".
- Für die Fachkraft stellt die Vernetzung und Kooperation mit dieser enormen Vielfalt an Systemen, Menschen und Kooperationspartnern eine große Herausforderung dar und bindet neben den Verwaltungs- und Dokumentationsaufgaben weitere Kapazitäten, die im direkten Kontakt mit den unbegleiteten minderjährigen Flüchtlingen fehlen. Andererseits darf nicht unterschätzt werden, wie notwendig die Zusammenarbeit im Interesse des jungen Flüchtlings ist und dass etwa die Bemühungen, einen Jugendlichen in einem Verein unterzubringen oder eine gelungene Integration in einem Sprachkurs oder einer Therapie, eine große Entlastung sowohl für den jungen Flüchtling als auch für die Fachkräfte bedeuten kann.
- Gute Absprachen mit den beteiligten Akteuren sind notwendig, um Reibungsverluste zu minimieren. Dies gilt insbesondere auch für den Informationsfluss innerhalb des Kollegenkreises sowie zwischen Vormund, Einrichtungsfachkraft und dem Mitarbeiter im Allgemeinen Dienst des Jugendamtes; eine Verständigung über die Aufgabenteilung ist sinnvoll.
- Grundsätzlich ist für das Gelingen der Zusammenarbeit ein Verständnis für die jeweiligen Rollen, Aufgaben und Arbeitsweisen der Kooperationspartner unabdingbar.

Kommunikation durch neue Medien

Im 14. Kinder- und Jugendbericht der Bundesregierung wird die hohe Bedeutung der neuen Medien für junge Menschen hervorgehoben. Die Autoren betonen, dass das Internet und insbesondere die sozialen Netzwerke für Jugendliche eine erhebliche Rolle bei der Bewältigung zentraler Entwicklungsaufgaben spielen, zu denen das Streben nach Autonomie, die Gestaltung sozialer Beziehungen und die Verwirklichung von Selbstbestimmung und Teilhabe zählen. Zudem ermöglichen neue Medien (Peer)Kommunikation, Mobilität, Gemeinschaftserfahrungen, Austausch, Unterstützung, wechselseitige Anerkennung sowie Handlungswirksamkeit (BMFSFJ 2013). Richtet man den Blick auf junge unbegleitete Flüchtlinge wird sogar eine noch darüber hinausgehende Bedeutung von neuen Medien, insbesondere dem Smartphone, offensichtlich.

Das Smartphone war für viele unbegleitete minderjährige Jugendliche ein hilfreiches Medium, um die Flucht zu organisieren. Es ist eine Möglichkeit, die Verbindung zum Herkunftsland zu halten. Das Smartphone kann als Hilfe zur Kommunikation dienen, etwa zu Gleichaltrigen, zur Familie (sofern vorhanden und sofern im Herkunftsland Internetverbindungen bestehen) oder zu den Betreuern (z. B. mittels Sprachübersetzungsprogrammen oder mobiler Nachrichtendienste). Das Smartphone ermöglicht eine Kommunikation und Erinnerung durch Fotos und Videos. Es dient als Informationsquelle über Ereignisse im Herkunfts- und Aufnahmeland. Das Smartphone hilft als Lernmedium z. B. in der Schule und trägt zur Orientierung in Deutschland bei. Es wird genutzt zur Ablenkung, zum Spielen oder zur Unterhaltung – etwa dem Hören vertrauter Musik – und hilft gegen Langeweile.

Die Nutzung neuer Medien, insbesondere die Verfügbarkeit von Smartphones, stellt eine Herausforderung für die Fachkräfte im Spannungsfeld von Befähigung, Schutz und Kontrolle dar. Die Aufgabe besteht darin, einen verantwortungsvollen, kritischen und selbstbestimmten Umgang mit den (neuen) Medien zu fördern (BMFSFJ 2013). Der Gebrauch mobiler Geräte erschwert die Regulierung des Zugangs, eine Verhinderung der Nutzung riskanter Medieninhalte und die pädagogische Begleitung dieser Mediennutzung durch Fachkräfte, denn trotz Regulierungsversuchen innerhalb der Kinder- und Jugendhilfeeinrichtungen findet dennoch eine unkontrollierte Nutzung der Medien etwa durch frei zugängliche WLAN-Verbindungen statt. Daher sollten Medien wie PCs, Internet und Handys verbunden mit einem barrierefreien Zugang, Flatrates und WLAN in den Einrichtungen für junge unbegleitete Flüchtlinge grundsätzlich zur Verfügung stehen.

In einer explorativen Studie zur Bedeutung der digitalen Medien für das Leben und Überleben von unbegleiteten Flüchtlingskindern wird eine digitale Grundausstattung gefordert, die – auch in sonstigen Einrichtungen der Kinder- und Jugendhilfe – bislang kaum vorhanden ist oder starken Zugangsbeschränkungen unterliegt (Kutscher/Kreß 2015), dabei sind digitale Medien und Dienste für die soziale und bildungsbezogene Teilhabe der jungen Flüchtlinge von hoher Relevanz.

Eine befähigende Medienbildung zeigt Optionen und greift Risiken auf (z. B. hinsichtlich Datenmissbrauch, Jugendschutz). Daran mangelt es vielfach. Der 14. Kinder- und Jugendbericht konstatiert dringenden Handlungsbedarf bezüglich der Qualifizierung des pädagogischen Personals und in Bezug auf zielgruppenspezifische Ansätze (BMFSFJ 2013). Die Affinität der Mitarbeitenden, insbesondere der älteren Pädagogen zu neuen Medien ist oft nicht gegeben. Daher bestehen z. T. Ängste oder Unkenntnis, weshalb sich bietende Chancen nicht erkannt werden. In der Folge werden auch digitale Angebote für Flüchtlinge wenig in Anspruch genommen. Weder die Fachkräfte noch die jungen Flüchtlinge kennen und nutzen die vielfältigen Möglichkeiten (Kutscher/Kreß 2015) – schwer verständlich angesichts der Potenziale, die die Medien bieten und der hohen Affinität, die die jungen Flüchtlinge zu den Medien zeigen.

Für die Fachkraft ist es wichtig, sich der besonderen Relevanz der Smartphonenutzung bei Jugendlichen bewusst zu sein.

TIPPS FÜR DIE FACHKRAFT

- Das Smartphone hat für junge Flüchtlinge eine noch größere Bedeutung als dies bei anderen Jugendlichen der Fall ist. Der Satz eines jungen Flüchtlings macht das sehr anschaulich: „Internet ist gleich mit Essen" (Kutscher/Kreß 2015, 1).
- Durch den Einsatz moderner Medien kann die Distanz zur Herkunftsfamilie überbrückt und zumindest virtuelle Nähe hergestellt werden, vorausgesetzt es sind digitale Medien im Herkunftsland zugänglich.

- Kontakt zur Herkunftsfamilie wirkt sich protektiv aus (Witt et al. 2015).
- Die Kontakte zum Herkunftsland/zur Herkunftsfamilie können auch belasten, etwa wenn schlechte Nachrichten überbracht werden oder weil die Sehnsucht zur Familie verstärkt wird.
- Verbindungen zur Community in Deutschland können schnell und unkompliziert hergestellt werden. Unterstützung, Erfahrungsaustausch und Absprachen sind möglich (aber auch einschränkende, kontrollierende Eingriffe durch Erwachsene aus der Community können eine Rolle spielen).
- In den Einrichtungen sollten ausreichend Medien vorhanden sein, damit junge Flüchtlinge nicht in Internetcafés gehen oder sich an öffentlichen Plätzen mit WLAN-Zugang aufhalten müssen.
- Eine medienpädagogische Arbeit ist notwendig (wenngleich diese im Vergleich zu anderen Herausforderungen nicht unbedingt prioritär erscheint).
- Restriktive Regelungen sollten, soweit es geht, vermieden werden. Aushandlungsprozesse sind wichtig.
- Medien haben eine hohe Relevanz für die Jugendlichen, jedoch sind unmittelbare, persönliche Beziehungen sicherlich zentraler.

Der Film „**#MyEscape**" *(www.youtube.com/watch?v=e6WmNKyhkvY, 12.04.2016) basiert auf Handyaufnahmen und erzählt die Geschichte von Flüchtlingen auf dem Weg nach Europa.*

4.3 Fortbildung und Qualifizierung

„Wenn es eng wird, gilt es den Blick zu weiten."
(Blumenberg 2003, 13)

Auf übergeordneter Ebene etwa der Fachverbände oder der (Landes) Jugendämter sind Standards herauszuarbeiten, Arbeitskonzepte sowie Handlungsleitfäden und Praxishilfen für die Arbeit vor Ort zu entwickeln (wie z. B. die Handlungsempfehlungen zum Umgang mit minderjährigen unbegleiteten Flüchtlingen der BAG Landesjugendämter). Für die Fachkräfte besteht unabhängig davon eine große Notwendigkeit, sich über Ziele, Erfahrungen, pädagogische Arbeitsansätze und die Qualität der Arbeit mit und für junge Flüchtlinge auszutauschen, zumal das Arbeitsfeld für viele Mitarbeiter ein neues Tätigkeitsgebiet darstellt und vielfältigste Eindrücke zu verarbeiten sind. Der Austausch darüber, wie andere arbeiten, was andere wie gemacht haben, wie deren Konzepte, Verfahren und Handlungspraktiken aussehen, wie sie mit Enttäuschungen und (Miss)Erfolgen umgehen, wie sie Ambiguitäten aushalten, wie sie kooperieren, wo ihre Grenzen sind, ob und wie auch politische Arbeit erfolgen sollte u.a.m. ist für Fachkräfte und Leitungskräfte hilfreich. Auch das Studieren von Literatur, seien es Fachartikel oder Berichte aus dem Alltag der Arbeit, können erste Schritte sein, für die es gilt, sich die entsprechende Zeit frei zu räumen. Im arbeitsintensiven Alltag stellt das sicher ein Problem dar. Dennoch empfiehlt sich eine gründliche Vorbereitung und eine ebenso gründliche Reflexion der Arbeit.

Eine Qualifizierung für die Praxis — wie beispielsweise der interkulturellen — läuft über die Reflexion der Erfahrungen in der Praxis. Austausch im Team ist sinnvoll, aber der berühmte „Blick über den Tellerrand hinaus" sollte ergänzend hinzukommen. Schließlich gilt es, das Ankommen der unbegleiteten minderjährigen Flüchtlinge in Deutschland so gut wie möglich zu gestalten.

TIPPS FÜR DIE FACHKRAFT

- Fachkräfte benötigen für die Arbeit mit unbegleiteten minderjährigen Jugendlichen
  - besondere Qualifikationen, die mit einem ausreichenden Fachwissen und einer theoretischen Fundierung z. B. über die kulturellen Hintergründe, die Herkunftsländer oder über Traumata unterlegt sind.
  - eine geschulte Methodik. Insbesondere sind Methoden anzubieten oder zu entwickeln, die sprachunabhängig sind oder reduzierte sprachliche Anteile enthalten. Klassisch bietet sich die Arbeit mit Fotos, Filmen oder im künstlerisch-kreativen Bereich an. Auch Computer- oder Gesellschaftsspiele sind gut nutzbar. Selbstverständlich auch sportliche und musikalische Aktivitäten jeglicher Art.
  - gute nonverbale Kommunikationsfähigkeiten und eine gute Beobachtungsgabe. Beides lässt sich schulen, etwa in Form kollegialen Austauschs, ganz nach dem Spieleklassiker „Ich sehe was, was du nicht siehst ...".
  - Kompetenzen, um über Dritte kommunizieren zu können (i. d.R. Dolmetscher, Kollegen oder andere Flüchtlinge). Ein Bewusstsein für die hochgradig störanfällige und fehlerhafte Kommunikation ist notwendig. Sender-Empfänger-Missverständnisse sind ohnehin Alltag in kommunikativen Prozessen, aber im Kontext unbegleiteter minderjähriger Flüchtlinge werden sie durch sprachliche Hürden und unterschiedliche kulturelle Verständnisse zusätzlich erschwert. Rückkoppelungsprozesse, wiederholte Fragen und Absicherungen darüber, ob das Gesagte den Empfänger so erreicht hat, wie es gemeint war, sind zwingend notwendig. Die entsprechende Zeit dafür ist aufzubringen.
- Fachkräfte sollten in der Lage sein, ihre eigene Biografie kritisch zu reflektieren und
  - sich – wie sonst in der Arbeit auch – um eine Balance von Nähe und Distanz bemühen. Sie sollten sich gerade im Kontext der Arbeit mit unbegleiteten minderjährigen Flücht-

Fortbildung und Qualifizierung 81

lingen damit auseinandersetzen, inwieweit möglicherweise zu viel (emotionale) Nähe die professionelle Arbeit erschwert oder gar verhindert. Mit-Leiden ist keine Hilfe, empathisches Mitempfinden hingegen Grundvoraussetzung für gelingende Arbeit.
- fähig sein, über die Biografie der Flüchtlinge zu reflektieren.
- Fachkräfte sollten sich um eine Teamkultur bemühen, die von gegenseitiger Wertschätzung geprägt ist und in der die sicherlich zum Teil sehr unterschiedlichen Perspektiven ihre Berechtigung haben. Teamfortbildungen können hilfreich sein, Inhouseschulungen sollten durch die Leitungskräfte forciert und von den Fachkräften ggf. eingefordert werden. Sie können auch die Teambildung voranbringen. Vor einer Teamqualifizierung sollte gründlich abgeklärt werden, welche Inhalte für eine Qualitätsverbesserung in der Arbeit mit unbegleiteten minderjährigen Flüchtlingen besonders relevant sind und positive Auswirkungen auf die alltägliche Arbeitsqualität erwarten lassen.
- Fachkräfte und Leitungskräfte stehen vor der Aufgabe, durch Fortbildungen erworbene fachliche Kenntnisse und Kompetenzen in die Praxis zu implementieren und damit einen nachhaltigen Nutzen zu erzielen. Vielfach gelingt dies leider nur sehr unzureichend (AGJ 2011b).
- Fachkräfte sollten einerseits bereit sein, ihre Erfahrungen, ihr Wissen und ihre Kompetenzen weiterzugeben und gleichzeitig eine Offenheit für andere Überlegungen, Ansätze und Handlungsideen aufbringen.
- Fachkräfte, die auf länger währende Erfahrungen im Umgang mit unbegleiteten minderjährigen Flüchtlingen zurückgreifen können, benötigen den Raum und die Zeit, weniger erfahrene Kollegen und Kolleginnen einzuarbeiten. Dies sollten sie durch die Leitungsebene gewährt bekommen. Eine Investition, die allen Beteiligten zugute kommen wird.
- Fachkräfte wissen aus ihrem Alltag, dass Stress mit den Klienten, bestehenden Vorgaben oder schwierigen Rahmenbedingungen sowie zeitlicher Druck zu einer unbefriedigenden

Teamsituation führen. Doch gerade dann sollte und muss Raum geschaffen werden, entlastende Momente etwa durch Teamsitzungen, kollegiale Beratung, Supervision, Fortbildungen oder auch Urlaub herbeizuführen, denn wie heißt es so schön: Nur wer für sich selbst gut sorgt, kann auch gut für andere sorgen.

- Fachkräfte lernen im Kontext von Zuwanderung fast täglich dazu und müssen sich u. U. zusätzlich auf einen Wechsel von Kollegen und Kolleginnen einstellen, eine Verjüngung des Teams, auf ein Kommen und Gehen der jungen Flüchtlinge und auf wenig Kontinuität bezüglich der institutionellen Rahmenbedingungen. Damit sind weitere hohe Anforderungen benannt. Hier hilft manchmal nur das berühmt-berüchtigte „tiefe Durchatmen" oder der Blick dafür, das Veränderbare vom (aktuell) nicht Veränderbaren unterscheiden zu lernen.
- Die vielfältigen Anforderungen bedürfen einer Weiterentwicklung des fachlichen Erkenntnisstandes. Weiterqualifizierung liegt sowohl im Interesse des Trägers und der Fachkraft als auch der jungen Flüchtlinge und sollte daher genutzt und gegebenenfalls eingefordert werden.
- Die richtige Fortbildung zur richtigen Zeit kann arbeitsentlastend sein und zur Psychohygiene beitragen. Insbesondere auch der Austausch mit anderen Fachkräften aus anderen Zusammenhängen und Einrichtungen kann positive Wirkungen entfalten.

Gemeinsame Fortbildung mit anderen Akteuren

Gemeinsame Fortbildungen mit Akteuren aus dem Netzwerk wären wünschenswert, um bei einem Austausch die jeweils anderen Sicht- und Handlungsweisen kennenzulernen, sowie die systembedingten Zwänge aber auch die im jeweiligen System liegenden Chancen wahrnehmen zu können. Jede Fachkraft hat eine eingeschränkte Sicht auf die eigene Fachlichkeit und das eigene Bezugssystem, wodurch der Weg für gelingende Verständigung und Kooperation zum Teil verstellt ist. Gemeinsame Fortbildungen sind allerdings erfahrungsgemäß schwer organisierbar, da jedes System eigene Fortbildungen vorhält, mit jeweils eigenen Zugangsmöglichkeiten und -beschränkungen und außerdem unterschiedliche finanzielle wie zeitliche Budgets zur Verfügung stehen. Zudem ist jedes System oft genug mit sich selbst befasst und durch systemimmanente Anforderungen und Aufgaben hinlänglich ausgelastet.

Kollegiale Fallberatung

Die zentrale Funktion der kollegialen Fallberatung besteht darin, durch einen gemeinsamen Reflexionsprozess die subjektive Sicht auf den Einzelfall zu erweitern, zu neuen Einsichten und Ansichten zu gelangen, um daraus wiederum neue Handlungsoptionen entwickeln zu können. Die Gruppe dient als Korrektiv gegenüber der einzelnen Fachkraft, um deren begrenzte Wahrnehmungsmöglichkeiten und Wertvorstellungen zu erweitern („Vier Augen sehen mehr als zwei."). Beispielsweise könnten kulturalistische Zuschreibungen offensichtlich werden oder eine zu mitfühlende Nähe zu den jungen Flüchtlingen. Für eine kollegiale Fallberatung sind eine verlässliche Zusammensetzung, ausreichend zur Verfügung stehende Zeitressourcen sowie eine gute Moderation notwendig. Kollegiale Beratung stellt hohe Anforderungen an die Mitarbeitenden, weshalb die Methoden und Abläufe einzuüben sind.

> *Konkrete* **Unterstützung für Fachkräfte** *bietet das „Netzwerk UMF". Einrichtungen, die bereits umfangreiche Erfahrungen in der Arbeit mit unbegleiteten minderjährigen Flüchtlingen gemacht haben, stellen ihre Expertise und Erfahrungen Kollegen anderer Einrichtungen zur Verfügung. Das Angebot richtet sich an Mitglieder des Erziehungshilfeverbandes BVkE (www.bvke.de/92410.html, 12.04.2016).*

Supervision

Fortbildungen und kollegiale Fallberatung sind hilfreich; Supervisionen sind ein weitergehender Schritt und sollen in einem professionellen Rahmen zu einer professionellen Selbstreflexion beitragen. Es geht um eine Rückversicherung über das Selbstbild, die Fremdwahrnehmung, Werte und Normen, Konfliktlösungen, Kompetenzerweiterung, die Rolle im Team und/oder in der Beziehung zu den jungen Flüchtlingen, die vorhandenen Belastungen und Kommunikationsmuster, Verbesserung der Organisationsstrukturen u.ä.m., um letztlich zu einer gut gelingenden Arbeit und zur Entlastung der Fachkräfte beizutragen.

Fortbildungsangebote

Mit dem Ansteigen der Zuwanderung von unbegleiteten minderjährigen Flüchtlingen hat sich auch die Anzahl von Fortbildungen, Qualifizierungen und Schulungen in Bezug auf unbegleitete minderjährige Jugendliche erheblich erhöht. Auffallend ist der hohe Anteil an Angeboten mit ausländerrechtlichen Inhalten. Bereits in einer Doktorarbeit aus dem Jahre 1999 wurde festgestellt, dass sowohl bei einrichtungsinternen als auch externen Veranstaltungen die rechtlichen Inhalte häufiger angeboten wurden als Fortbildungen etwa zu pädagogischen Themen oder in Bezug auf Herkunftsländer, Religionen und Kultur. Angesichts der Komplexität der psychosozialen Situation und der pädagogischen Versorgung wäre ein höherer Anteil originär pädagogischer Inhalte zu erwarten gewesen (Jordan 1999). Offensichtlich wird dieser Bedarf auch im Jahr 2015 noch nicht ausreichend gesehen und/oder nicht nachgefragt. Eine entsprechende Recherche jedenfalls ergab ein vergleichsweise geringes Angebot, allerdings mit deutlich zunehmender Tendenz.

Ein anderes Thema, welches in den Anfängen der Zuwanderung kaum eine Rolle spielte, war der Umgang mit Traumata (Jordan 1999). Hierzu werden mittlerweile diverse Veranstaltungen angeboten, in der Fachpresse wird ausgiebig berichtet, selbst in den Alltagsmedien nehmen die traumatisierenden Erfahrungen der (jungen) Flüchtlinge breiten Raum ein.

Grundsätzlich lässt sich mittlerweile ein großes Angebot an Fortbildungen und Tagungen zu unbegleiteten minderjährigen Flüchtlingen ausmachen. Eine Recherche über das Internet fördert vielfältigste Fachveranstaltungen zutage.

⌕ *Auf den nachfolgend genannten Webseiten finden sich zudem auch eine Vielzahl von Positionspapieren, Handreichungen, Artikeln, Hinweisen, Tagungsbeiträgen und Links für Fortbildungen und Qualifizierungen:*

- **Bundesfachverband für Unbegleitete minderjährige Flüchtlinge** *(www.b-umf.de, 28.04.2016);*
- **Bundesprogramm „Willkommen bei Freunden":** *Beratung und Qualifizierung für Mitarbeiter der Verwaltung sowie kommunale Einrichtungen (www.willkommen-bei-freunden.de, 28.04.2016);*
- **Erziehungshilfefachverbände**: *Die Erziehungshilfe ist durch die Zuwanderung der unbegleiteten minderjährigen Flüchtlinge besonders herausgefordert. Entsprechend greifen die Erziehungshilfefachverbände die Thematik mit unterschiedlichen Schwerpunktsetzungen auf. Ein Teil der Angebote wendet sich an die Leitungs- und Verantwortungsträger bei öffentlichen und freien Trägern;*
  - *AFET-Bundesverband für Erziehungshilfe e. V. (www.afet-ev.de, 12.04.2016);*
  - *Bundesverband katholischer Einrichtungen und Dienste der Erziehungshilfen e. V. (www.bvke.de, 27.04.2016);*
  - *Evangelischer Erziehungsfachverband e. V. (www.erev.de, 12.04.2016);*
  - *IGfH – Internationale Gesellschaft für erzieherische Hilfen e. V. (www.igfh.de, 12.04.2016).*
- *In einer Tagungsübersicht für das ganze Jahr werden beim* **Fachkräfteportal der Kinder- und Jugendhilfe** *(www.fachkraefte-portal.de, 12.04.2016) Fortbildungs- und Qualifizierungsangebote präsentiert. Eine Eingabe im Suchfeld leichtert das Auffinden von Angeboten und Themen. Das Fachkräfteportal hat zudem eine Rubrik eingerichtet, die speziell das Thema Flucht aufgreift. Die eingestellten Informationen sind vielfältig und stets hoch aktuell.*

Folgende **Newsletter und RSS-Feeds** *zum Themenfeld Migration können abonniert werden:*

- *Die einzelnen, zuvor beschriebenen* **Erziehungshilfefachverbände** *haben kostenlose Newsletter, die jedoch alle Aspekte der Erziehungshilfe/Kinder- und Jugendhilfe aufgreifen und somit nur z. T. Informationen zu unbegleiteten minderjährigen Flüchtlingen beinhalten.*
- *Es gibt einen RSS-Feed des* **Fachkräfteportals Kinder- und Jugendhilfe** *zu allen Bereichen der Kinder- und Jugendhilfe sowie einen weiteren, der Informationen zu Flucht und Migration beinhaltet. Vorrangig stammen die Meldungen aus dem Bereich der Kinder- und Jugendhilfe, entsprechend auch zu unbegleiteten minderjährigen Flüchtlingen (www.fachkraefte-portal.de, 12.04.2016).*
- *Der Newsletter des* **Bundesfachverbandes Unbegleitete minderjährige Flüchtlinge** *enthält dezidiert Informationen mit Bezug zu unbegleiteten Minderjährigen und ist bedeutsam, um über aktuelle fachliche und politische Entwicklungen informiert zu sein. Zudem sind Literatur- und Fortbildungshinweise enthalten (www.b-umf.de, 12.04.2016).*
- *Ein Bezug des* **Diakonie Infobriefs Migration und Flucht** *ist lohnenswert, auch wenn er umfassend die Aspekte von Migration und Flucht behandelt und somit nur sporadisch Inhalte speziell für junge (unbegleitete) Flüchtlinge aufgreift. Auf der Homepage der Diakonie Rheinland-Westfalen sind auch die Infobriefe der vergangenen Jahre eingestellt (www.diakonie-rwl.de, 12.04.2016).*
- *Der Newsletter des* **Paritätischen** *umfasst das gesamte Spektrum Migration, ist somit recht unspezifisch, wenn ausschließlich Informationen über unbegleitete Flüchtlinge oder die Jugendhilfe gewünscht werden (www.der-paritaetische.de, 12.04.2016).*

5 Pädagogische Arbeit mit unbegleiteten minderjährigen Flüchtlingen

„Kind ist Kind", so titelte die Arbeitsgemeinschaft für Kinder und Jugendhilfe in ihrem Positionspapier zur Umsetzung der Kinderrechte für Kinder und Jugendliche nach ihrer Flucht (AGJ 2015b, 1). Die Erziehungshilfefachverbände betonen, dass ein unbegleiteter minderjähriger Flüchtling ein Kind oder Jugendlicher mit Unterstützungsbedarf in einer bestimmten Lebenssituation ist und erst in zweiter Linie ein Flüchtling mit spezifischen Aufgabenstellungen für die Kinder- und Jugendhilfe (AFET et al. 2014). Brinks et al. fordern auf, die Perspektive zu wechseln und den jungen Menschen mit seinen Bedürfnissen zu betrachten, die er bei der Inobhutnahme mitbringt (z. B. Bedürfnis nach einem sicheren Ort), dann würden sich „ohne sich die Wahrnehmung durch verrechtlichte, kulturalisierte und/oder traumafixierte Blicke verstellen zu lassen, [...] die vermeintlichen Besonderheiten dieser scheinbar hochspezifischen und äußerst problematischen Zielgruppe (relativieren)" (Brinks et al. 2014, 304).

In allererster Linie geht es um Kinder und Jugendliche, weshalb man als Fachkraft Vertrauen in seine bereits vorhandenen Kompetenzen setzen kann. Diese behalten ihre Gültigkeit auch im Umgang mit jungen unbegleiteten Flüchtlingen und sind im Großen und Ganzen ausreichend. Die dennoch bestehenden spezifischen Herausforderungen, die sich im Kontext der Flucht und den damit zusammenhängenden prägenden Erfahrungen und Erlebnissen sowie der ausländerrechtlichen Situation in Deutschland ergeben, sind selbstverständlich zu berücksichtigen. Der Erwerb zusätzlicher Kenntnisse wiederum stellt an sich auch keine Besonderheit dar, denn jedes Kind, jeder Jugendlicher muss immer im Kontext seiner Vorerfahrungen und seiner Sozialisationsbedingungen gesehen werden, um ihm passgenaue Angebote sowie eine individuelle Förderung ermöglichen zu können. So erfordert auch eine pädagogische Arbeit etwa mit gewaltbereiten Jugendlichen, mit missbrauchten Kindern oder psychisch erkrankten jungen Menschen jeweils ein anderes Wissen und andere Konzepte.

In diesem Kapitel soll deshalb auf einige „gängige" Standards pädagogischer Arbeit Bezug genommen werden, die in ihren Grundzügen kurz beschrieben und anschließend mit den spezifischen Bedarfen im Zusammenhang im Umgang mit unbegleiteten minderjährigen Flüchtlingen verwoben und um erweiternde Aspekte ergänzt werden. Konkrete Tipps und Hinweise für die praktische Arbeit vervollständigen die Ausführungen.

5.1 Auf Vorerfahrungen mit Migration bauen

Die Aufnahme von Kindern und Jugendlichen mit Migrationserfahrung ist kein Novum. Fachkräfte sollten sich vor Augen führen, dass sie mit Kinder/Jugendlichen der sog. Gastarbeiter oder von Aussiedlern gearbeitet und zu ihrer Integration beigetragen haben, dass es sich dabei ebenso wie bei jungen unbegleiteten Flüchtlingen um junge Menschen mit unterschiedlichsten Vorerfahrungen, soziokulturellen Hintergründen und Migrationserlebnissen handelte. Auch die Unterstützung von Flüchtlingskindern und geflohenen Jugendlichen (z. B. in Folge des Jugoslawienkrieges) ist kein völlig unbekanntes Terrain.

Deutschland ist nicht erst seit heute bunt, weshalb Einrichtungsleitungen, Mitarbeiter und Mitarbeiterinnen gelernt haben, sich auf die Vielfalt einzustellen und die mit der Buntheit verbundenen Chancen (mehr oder weniger gut) zu nutzen und mit Herausforderungen (mehr oder weniger gut) umzugehen. Kinder und Jugendliche mit Migrationshintergrund machen entsprechend ihrem Bevölkerungsanteil ca. ein Drittel der Inanspruchnahme der Angebote der Kinder- und Jugendhilfe aus (Fendrich et al. 2014). Es existieren Vorerfahrungen und fachliches Wissen etwa bei den großen Wohlfahrtsverbänden, es gibt spezialisierte Angebote wie (Jugend)Migrationsdienste,

Beratungsstellen sowie diverse Settings, bei denen Migranten in gemischten Gruppen aufgenommen oder unterstützt werden. Träger, die bereits in der Vergangenheit Migranten und Migrantinnen als Mitarbeitende eingestellt haben, profitieren jetzt u. a. durch deren Sprach- und Kulturkenntnisse.

Mit einer positiven Grundeinstellung, verbunden mit einem Vertrauen auf vorliegenden Erfahrungen, Kompetenzen und pädagogisches Know-how sowie der Erkenntnis, dass der Umgang mit Kindern/Jugendlichen von Zuwanderern keine gänzlich neue Aufgabe für die Einrichtungen und Dienste sozialer Arbeit darstellt, wird auch die Begleitung und Integration der minderjährigen unbegleiteten Jugendlichen gelingen. Die Spezifika der Arbeit mit diesen *unbegleiteten* und oft *traumatisierten* Jugendlichen (die Betonungen verweisen an dieser Stelle auf zentrale Unterschiede zu dem Gros der anderen eingewanderten jungen Menschen) gilt es zu beachten.

5.2 An bewährte pädagogische Standards anknüpfen

> „Gott gab uns Nüsse, aber er knackt sie nicht."
> *(arabisches Sprichwort)*

Abb. 4: Facetten der Integration

Fachlich gängige Standards der Kinder- und Jugendhilfe (z. B. Lebensweltorientierung, systemisches Denken und Handeln, Partizipation, Hilfeplanung, Ressourcenorientierung) behalten auch im Kontext von Zuwanderung ihre Gültigkeit (**Abb. 4**). Es gilt, den jungen Menschen in seiner psychosozialen und emotionalen Entwicklung zu unterstützen und ihm im kognitiven Bereich sowie der körperlichen Entwicklung zu fördern. Die nachfolgende Auflistung benennt einige Aufgaben-, Förder- und Entwicklungsbereiche:

- alltagspraktische Handlungskompetenz vermitteln (Einkaufen, Waschen, Kochen etc.),
- Aufbau von Kontakten bzw. Einbeziehung eines vorhandenen Umfeldes (bei den jungen Flüchtlingen ggf. Fluchtgemeinschaften oder Menschen desselben Herkunftslandes),
- Ausbildungs- und Arbeitsperspektiven entwickeln (für unbegleitete minderjährige Flüchtlinge ein schwieriges Feld),
- autonomes Agieren fördern (eigenständige, reflektierte Entscheidungen treffen können; Orientierung im gesellschaftlichen Umfeld, Mobilität, Entdeckung von Räumen und Angeboten etc.),
- Begleitung der Prozesse des Erwachsenenwerdens mit allen darin liegenden Chancen und Risiken (Sucht, Sexualität, Grenzüberschreitungen etc.),
- Begleitung und Initiierung von Verselbständigungsprozessen,
- Begleitung von Übergängen (etwa von der Inobhutnahmeeinrichtung in ein Angebot der Hilfen zur Erziehung),
- Beteiligung ermöglichen und fördern (im Gruppenalltag ebenso wie bei der Lebensplanung),
- Beziehungsarbeit leisten (Sie ist das „A-und-O" jedweder Pädagogik. Jedes Kind in der Erziehungshilfe bedarf einer möglichst konstanten, intensiven und zugewandten Beziehungsperson. Junge unbegleitete Flüchtlinge haben selten andere Bezugspersonen, weshalb ein Beziehungsangebot besonders wichtig ist und von den Jugendlichen – wie die verschiedensten Berichte ausweisen – auch gewünscht wird.),
- Bildungsprozesse ermöglichen (bei deutschen Jugendlichen sind diese vor allem durch den Besuch der Schule vorgegeben, bei un-

begleiteten Minderjährigen gilt es, diese zu initiieren oder zu organisieren),
- Entdecken, Entwickeln und Ausbauen von individuellen Stärken (Ressourcenansatz),
- erzieherische Auseinandersetzung mit den Jugendlichen (bei jungen Flüchtlingen sind erlernte Rollenvorstellungen, die erfahrene Erziehung sowie (oft) eine religiöse Verankerung bedeutsam),
- Freizeitgestaltung (Hobbys entdecken und fördern, Gemeinschaftserlebnisse und Erfolge vermitteln, für Tagesstrukturierung sorgen etc.),
- Förderung sportlicher, musischer und handwerklicher Fähigkeiten (Auch hierauf sollte bei der Arbeit mit unbegleiteten minderjährigen Flüchtlingen ein besonderer Fokus liegen.),
- genderspezifische Fragestellungen thematisieren (Frauen-Männer-Bild, Gleichberechtigung, Sexualität etc.),
- Gewährung von Hilfestellungen bei der Orientierung in der Gesellschaft (Diese Unterstützung benötigen alle Kinder und Jugendlichen, bei unbegleiteten Flüchtlingen sind jedoch zusätzlich die neue Lebensumgebung und die neue Kultur zu berücksichtigen.),
- Gruppenangebote unterbreiten zur Tagesstrukturierung, zum Entdecken von Interessen und Fähigkeiten etc.,
- Kommunikationsregeln einüben,
- Konfliktfähigkeit fördern (Regeln der Auseinandersetzung, Vermeidung körperlicher Gewalt etc.; Aufgrund der Vorerfahrungen in den Familien sowohl bei deutschen als auch bei geflüchteten Kindern ist dies ein spezifisches Lernfeld. Bei unbegleiteten Flüchtlingen kommen weitere z. T. dramatische Gewalterfahrungen aus dem Herkunftsland oder auf der Flucht hinzu, so dass von erhöhten (Auto)Aggressionen und einer größeren Gewaltbereitschaft ausgegangen werden kann.),
- Körper- und Gesundheitsbewusstsein unterstützen (von regelmäßiger und gesunder Ernährung über Entwicklung eines Körpergefühls über Körperhygiene, der Wahrnehmung von Arztbesuchen, über Suchtmittelmissbrauch, allgemeiner Gesundheitsprophylaxe bis hin zu sportlichen Aktivitäten),

- lebenspraktische Hilfestellungen geben (Bei jungen Flüchtlingen verstärkt auch die Alltagsstrukturierung in einem neuen gesellschaftlichen Umfeld und das Auf-sich-allein-gestellt-sein berücksichtigen.),
- Medienpädagogik, die die Risiken und Chancen im Zusammenhang mit neuen Medien aufzeigt,
- Schaffen von geeigneten Strukturen, die Halt und Sicherheit geben (bei jungen Flüchtlingen ist ein besonderes Augenmerk auf den Aufbau von Sicherheit und Vertrauen zu legen.),
- Sexualerziehung (eigene Bedürfnisse kennenlernen und Ausdrücken können, Verhütung, Schutz vor Geschlechtskrankheiten, sexuelle Vielfalt etc.),
- Sozialverhalten erlernen und einüben,
- Umgang mit Geld (Haushaltsführung, Konsum, Bankwesen, Kredite, Ratenverträge etc.),
- Unterstützung bei der Identitätsbildung,
- Vermittlung von Alltagswissen, Verfestigung von Tagesabläufen, Ritualen, Regeln etc. (= Alltagspädagogik),
- Vorbereitung auf Behördenkontakte (Sehr viele Jugendliche haben diesbezüglich großen Unterstützungsbedarf, unbegleitete junge Flüchtlinge aufgrund gänzlich fehlender Erfahrungen in besonderer Weise.) und
- zwischenmenschliche Beziehungen aufbauen, halten und entwickeln lernen (Bei jungen Flüchtlingen gilt dies insbesondere auch in Bezug auf Kontakte zu deutschen Jugendlichen oder Erwachsenen.).

Die Auflistung macht deutlich: Soziale Arbeit muss sich nicht gänzlich neu erfinden.

Auf einige besonders relevante „klassische" pädagogische Prozesse und Aufgaben wie Hilfeplanung, Partizipation, Ressourcenorientierung und Verselbstständigung wird im Folgenden vertiefend eingegangen. Zudem werden freizeitpädagogische Optionen in den Fokus genommen. Spezifika in Bezug auf unbegleitete minderjährige Flüchtlinge finden jeweils Berücksichtigung.

Hilfeplanung

"Sorge ist wie ein kostbarer Schatz, den man nur Freunden zeigt."
(aus Ghana)

Ein Kernstück der Kinder- und Jugendhilfe wurde mit der Neuregelung des Kinder- und Jugendhilfegesetzes im Jahr 2000 geschaffen: das Hilfeplanverfahren gemäß § 36 SGB VIII (BAG Landesjugendämter 2015). Es spielt eine zentrale Rolle, wenn es um die Qualität in den Hilfen zur Erziehung geht. Im Rahmen der Hilfeplangespräche werden die Problemsituation der Adressaten eingeschätzt, der individuelle Förderbedarf festgelegt und regelmäßig überprüft, und es werden Entwicklungsprozesse prognostiziert. Der jeweilige Förderbedarf orientiert sich an den Ressourcen sowie den Bedürfnissen der Kinder und Jugendlichen. Das Hilfeplanverfahren liegt in der Verantwortung des Jugendamtes, der Plan selbst wird aber in einem kooperativen Prozess zusammen mit dem Vormund, dem freien Träger und dem Jugendlichen entwickelt. Variablen für eine gelingende Hilfeplanung sind

- eine funktionierende Zusammenarbeit zwischen öffentlichen und freien Trägern,
- eine tragfähige Beziehung zum Jugendlichen (und im klassischen Fall zur Familie),
- eine gute kommunikative Basis u. a. durch Kenntnisse von Kultur und Sprache,
- Partizipation der Jugendlichen (Eltern) sowie
- eine gute Beschreibung der Hilfeplanziele in Richtungsziele, Nahziele, Handlungsschritte und die Benennung von Entwicklungsaufgaben (Freie und Hansestadt Hamburg 2001).

Die Standards und Verfahren stellen hohe Anforderungen an die beteiligten Akteure und werden sehr unterschiedlich gehandhabt. Zwischen Theorie und Praxis klafft oft noch eine beträchtliche Lücke, weshalb die Qualifizierung der Hilfeplanung immer wieder eingefordert wird.

Die Bundesarbeitsgemeinschaft Landesjugendämter hat Handlungsempfehlungen für die Arbeit mit unbegleiteten minderjährigen Flüchtlingen veröffentlicht, in denen u. a. wesentliche Aspekte bei der Hilfeplanung benannt werden:

- Unterstützung bei der Aufenthaltssicherung,
- Integration in eine Regelschule mit dem Ziel eines qualifizierten Schulabschlusses,
- Erwerb deutscher Sprachkenntnisse,
- gelingender Übergang von der Schule zu einer Ausbildung,
- berufliche Qualifizierung,
- gesellschaftliche Integration,
- ggf. Unterstützung einer Rückkehr ins Herkunftsland oder bei der Weiterwanderung,
- Umgang mit Fluchterfahrungen, Trennung, traumatischen Erlebnissen,
- Verselbstständigung u. a. mit Kenntnissen über Beratungsangebote,
- Förderung von Kontakten zur Herkunftsfamilie,
- Pflege der religiösen und kulturellen Identität und
- Unterstützung – sofern notwendig – bei der Persönlichkeitsentwicklung und zu einer eigenverantwortlichen Lebensführung (BAG Landesjugendämter 2014).

TIPPS FÜR DIE FACHKRAFT

In Bezug auf unbegleitete minderjährige Flüchtlinge sind folgende spezifische Aspekte durch die Fachkraft zu beachten:

- Die jungen Flüchtlinge können und/oder wollen in der Anfangszeit nicht über ihre Probleme und Erfahrungen reden. Zum einen fehlen die sprachlichen Voraussetzungen, zum anderen muss erst Vertrauen hergestellt werden, und es vergeht zumeist eine längere Zeit, bis sie über traumatisierende Ereignisse sprechen können. Folglich kann vor allem die erste Hilfeplanung nur ungenügend sein, weshalb die Hilfeplanpro-

tokolle oft identisch sind und erst im weiteren Verlauf individueller und zielgenauer werden (Noske 2015).
- Aber auch in den nachfolgenden Hilfeplangesprächen ist darauf zu achten, dass die Verfahren nicht als „lästige Pflichterfüllung" abgetan werden (Noske 2015, 27).
- Eine Vorbereitung auf ein Hilfeplangespräch ist wichtig. Das Instrument ist den jungen Flüchtlingen nicht bekannt. Insbesondere auf die Möglichkeit der Beteiligung und auf ihre Rechte ist hinzuweisen. Die Partizipation ist auch deshalb wichtig, weil die Jugendlichen Selbstwirksamkeit erleben können.
- Die Kommunikation ist durch eine fehlende gemeinsame Sprachebene erschwert, zumal viele Hilfeplanprozesse ohne Dolmetscher stattfinden. Fachkräfte und unbegleitete Flüchtlinge berichten von zu geringer Beteiligung (Noske 2015) – ein Zustand, der oft grundsätzlich in Bezug auf Hilfeplangespräche beklagt wird, der sich aber vermutlich aufgrund der Sprachproblematik verschärft. Das Gespräch darf aber keinesfalls „über" den Jugendlichen stattfinden, sondern hat „mit" ihm zu erfolgen.
- Im Hilfeplanverfahren kommt nur die Sicht des Jugendlichen zum Tragen, es fehlen im Gegensatz zu anderen Hilfeplangesprächen mehrperspektivische Deutungen und Einschätzungen etwa durch Eltern, Freunde, Nachbarn etc. Entsprechend wird eine professionelle Diagnose erschwert.
- Viele junge Flüchtlinge kennen in ihren Herkunftsländern keine partizipativen Prozesse. Diese müssen somit erst erlernt werden.
- Es ist wichtig, im Hilfeplanverfahren anzusprechen, ob ein Verbleib in Deutschland wahrscheinlich ist, ob eine Rückkehr ins Herkunftsland infrage kommt, ob eine Familienzusammenführung denkbar ist oder ob seitens des Jugendlichen eine Weiterreise in ein anderes Land geplant ist (BAG Landesjugendämter 2014).

Partizipation

Die UN-Kinderrechtskonvention fordert in Artikel 12 die Berücksichtigung des Kinderwillens. Im Sozialgesetzbuch VIII wird formuliert, „Kinder und Jugendliche sind entsprechend ihrem Entwicklungsstand an allen sie betreffenden Entscheidungen der öffentlichen Jugendhilfe zu beteiligen" (SGB VIII § 8 Abs. 1). Zudem enthält das Sozialgesetzbuch VIII den § 5. Im Absatz 1 wird dem Leistungsberechtigten ein Wunsch- und Wahlrecht zwischen Einrichtungen und Diensten verschiedener Träger zugestanden, wenn die Wahl nicht mit unverhältnismäßigen Mehrkosten verbunden ist (SGB VIII § 5 Abs. 2). Auch können Wünsche bezüglich der Gestaltung der Hilfen geäußert werden. Auf dieses Recht ist hinzuweisen (Abs. 1).

Partizipation ist formalisiert im Hilfeplanverfahren vorgesehen, wenn Leistungsberechtigte eine längerfristige Hilfe wünschen (BAG Landesjugendämter 2015). Im Kontext von Beteiligung gilt es immer auch, Rechte sowie Beschwerdemöglichkeiten in Einrichtungen der Erziehungshilfe mitzudenken und diese zu implementieren. Zudem ist Beteiligung unter dem Aspekt von Schutz zu sehen.

Partizipation wird auch für den Alltag in Verbänden, in der Jugendarbeit, in Einrichtungen etc. proklamiert und (mehr oder weniger gut) umgesetzt. Partizipation gilt als „elementare Voraussetzung für gelingende Hilfen" (Albus et al. 2010, 165). Gelingensbedingung dafür ist eine Kultur der Partizipation, in der Beteiligungsprozesse nicht formal stattfinden, sondern ernst gemeint sind und im Alltag gelebt werden (Hartig/Wolff 2006). Dennoch macht der Bundesverband unbegleitete minderjährige Flüchtlinge die Erfahrung, dass partizipative Prozesse im Umgang mit jungen Flüchtlingen vernachlässigt werden, weil Schutz- und Hilfemaßnahmen bei der Betreuung im Vordergrund stehen (B-UMF 2011). Partizipation ist in jedem pädagogischen Kontext aus mehreren Gründen notwendig und erstrebenswert als

- gesetzliche Anforderung,
- Grundhaltung (nicht besserwisserisch, sondern auf Augenhöhe),
- Zugangsmoment zu Jugendlichen,
- Voraussetzung zur Persönlichkeitsentwicklung,

An bewährte pädagogische Standards anknüpfen 97

- Schutzkonzept (Gewalt / sexuelle Gewalt) und
- wesentlicher Faktor für Erfolg / Wirkung.

In der pädagogischen Arbeit mit unbegleiteten minderjährigen Flüchtlingen sind partizipative Prozesse darüber hinaus auch deshalb zu forcieren, weil

- Beteiligung der jungen Flüchtlinge in der Kinder- und Jugendhilfe ein Lernfeld für demokratische Prozesse sein kann,
- praktizierte Beteiligung zu Erfahrungen führt, die in den Herkunftsländern angesichts vorherrschender patriarchaler Strukturen und vorgegebener enger Rollenmuster in der Regel nicht möglich waren,
- geschlechtsspezifische Rollenmuster (zumindest) infrage gestellt werden, da Frauen und Männern gleiche Partizipationsrechte besitzen und
- die jungen Flüchtlinge sich als wirkmächtig erleben können.

Folgende Probleme können auftreten:

- Partizipation zu etablieren, die über eine rein formale Beteiligung hinausgeht, erfordert einen längeren Prozess, der die Gesamtkultur der Einrichtung umfasst. Viele Einrichtungen für unbegleitete minderjährige Flüchtlinge sind neu entstanden, weshalb eine derartige „Kultur" nicht etabliert ist. Andererseits bieten gerade neue Strukturen Möglichkeiten, Partizipation von Anfang an zu implementieren.
- Eine weitere Herausforderung ist durch die relativ hohe Fluktuation gegeben, u. a. weil die jungen Flüchtlinge aufgrund ihres Alters oft nur begrenzte Zeit in Einrichtungen der Jugendhilfe verbleiben.
- „Auch wenn Sprechen einerseits kein Garant für Beteiligung ist, ist es andererseits das Medium, in dem sich Beteiligung realisiert." (Albus et al. 2010, 77) Doch trotz eingeschränkter sprachlicher Verständigungsmöglichkeiten können partizipative Prozesse, insbesondere im pädagogischen Alltag, integriert werden (z. B. bei der Freizeitgestaltung, Auswahl des Essens).

BEISPIELE

"Salam" bedeutet im Arabischen "Frieden". Diesen Namen haben sich die Jugendlichen einer **Wohngruppe** ausgesucht (Rummelsberger Diakonie 2014). Ein kleines, aber sicherlich nicht unbedeutendes Signal.

Folgende „Good-Practice"-Beispiele zeigen die **partizipative Beteiligung junger Flüchtlinge**:

- Beim **Filmprojekt „Angekommen"** *(www.youtube.com/watch?v=wtS5fIn27sk, 12.04.2016) wurde jungen Flüchtlingen die Möglichkeit eröffnet, Wünsche und Erfahrungen darzustellen und ihre Sicht auf Deutschland zu präsentieren. Den Film gibt es in Deutsch, Arabisch, Kurdisch und Dali. Drehbuch und Inhalte haben die jungen Flüchtlinge selbst erarbeitet (UNHCR 2011).*
- *Das* **Filmprojekt „Leben in Deutschland – aus der Sicht von Flüchtlingen"** *(www.youtube.com/watch?v=9p73rURNzZQ, 12.04.2016) hat eine Schulklasse des Beruflichen Schulzentrums Kirchheim unter Teck realisiert.*

Einige „Good Practice"-Beispiele und Materialien, die als Download zur Verfügung stehen und als **Orientierung** dienen können, sind:

- *Partizipation in evangelischen Jugendmigrationsdiensten. Ein Praxisleitfaden (www.bagejsa.de, 12.04.2016),*
- *Partizipation und Beschwerdemanagement in Einrichtungen der Erziehungshilfe – Demokratie in der Heimerziehung (www.partizipation-und-bildung.de, 12.04.2016),*
- *Beteiligung von Jugendlichen in den ambulanten sozialpädagogischen Erziehungshilfen (www.jugendhilfe-bewegt-berlin.de, 12.04.2016),*
- *Qualitätsstandards für Beteiligung von Kindern und Jugendlichen (www.bmfsfj.de, 12.04.2016),*
- *„Mal so richtig Dampf ablassen …?" Ombudschaften und Partizipation. Landschaftsverband Westfalen-Lippe, LWL-Landesjugendamt (www.lwl.org, 12.04.2016).*

- Vielfältige Tipps, Informationen, Studien und Praxisbeispiele zum Thema Partizipation und Kinderrechte finden sich auf der gemeinsamen Homepage der Erziehungshilfefachverbände „Die Beteiligung" (www.diebeteiligung.de, 12.04.2016).

📖 Interessen- und Bedürfnisabfragen sowie Ermittlung der Zufriedenheit junger unbegleiteter Flüchtlinge in Einrichtungen der Erziehungshilfen finden sich u. a. hier:

- Hargasser, B. (2014): Unbegleitete minderjährige Flüchtlinge. Sequentielle Traumatisierungsprozesse und die Aufgaben der Jugendhilfe, Brandes & Apsel, Frankfurt am Main
- Kutscher, N., Kreß, L.-M. (2015): „Internet ist gleich mit Essen". Empirische Studie zur Nutzung digitaler Medien durch unbegleitete minderjährige Flüchtlinge. Universität Vechta
- Magistrat der Universitätsstadt Marburg (Hrsg.) (2015): Marburger Standards 01.10.2015. Begrüßungs- und Wertschätzungskultur für unbegleitete minderjährige Flüchtlinge
- Stauf, E. (2012): Unbegleitete minderjährige Flüchtlinge in der Jugendhilfe. Bestandsaufnahme und Entwicklungsperspektiven in Rheinland-Pfalz. ISM Mainz

Ressourcenorientierung/Empowerment

„Nichts kann den Menschen mehr stärken als das Vertrauen, das man ihm entgegenbringt." (Adolf von Harnack)

Störungen, problematisches Verhalten und Defizite werden oft schnell erkannt. Die Probleme werden von der Fachkraft aufgegriffen und thematisiert, etwa wenn ein junger Flüchtling aggressive Verhaltensweisen zeigt oder wenn z. B. die Lernbereitschaft unzureichend erscheint. Schnell wird dokumentiert und wahrgenommen, was alles „nicht gut ist", was nicht gelingt, was zu verbessern, was zu ändern, was zu erlernen ist. Der junge Flüchtling muss Deutsch lernen, er muss „unsere" Kultur kennenlernen, er muss einen Schul- und Berufsabschluss schaffen, er muss Alltagswissen erlangen, er muss angemessene Umgangsformen lernen etc.

In der Praxis und in der Forschung stehen zudem insbesondere das Schutzbedürfnis und die traumatischen Ereignisse der jungen unbegleiteten Flüchtlinge im Fokus. Einerseits ist das sicherlich verständlich, angesichts dessen, was die jungen minderjährigen Flüchtlinge in ihrem jungen Leben bereits erfahren und erleiden mussten, andererseits ist es von großer Wichtigkeit, nicht nur auf die problematischen Erfahrungen und deren Auswirkungen zu schauen. Ziel ist es, die störungs- oder defizitorientierte Sichtweise zu reduzieren und zudem zwingend zu ergänzen – um eine ressourcenorientierte Wahrnehmung. Ressourcenorientierung ist in der Sozialen Arbeit gängig (bzw. zumindest gängiges Postulat):

- Stärken stärken statt an Schwächen anzusetzen,
- Ressourcen entdecken und nutzen,
- an den vorhandenen Fähigkeiten anknüpfen,
- ein positives Selbstkonzept aufbauen,
- Empowermentprozesse unterstützen (= „Selbstbefähigung", „Stärkung von Autonomie und Eigenmacht") etc.

sind Schlagworte einer Pädagogik, die sich darüber bewusst ist, dass die Aktivierung von Möglichkeiten, Fähigkeiten und Motivationen eine ausgesprochen beflügelnde Wirkung entfaltet. Die Vertreter einer ressourcenorientierten Sichtweise halten es deshalb für notwendig, die Faktoren im Leben eines Menschen herauszustellen, die daran beteiligt sind, ein Überleben und Standhalten in schwierigen Situationen zu ermöglichen. Protektive (schützende) Faktoren sind u. a. aktives Bewältigungsverhalten, frühe Verantwortungsübernahme, Anpassungsfähigkeit – Stärken, die die unbegleiteten minderjährigen Flüchtlinge gezeigt haben/zeigen mussten. Jeder Jugendliche wird weitere Stärken aufweisen.

TIPPS FÜR DIE FACHKRAFT

Junge Flüchtlinge haben **Ressourcen**! Diese gilt es zu entdecken, zu fördern und in den Fokus zu rücken! Die folgenden Fragen können dabei helfen:

- Auf welche persönlichen und sozial vermittelten Ressourcen kann der Jugendliche zurückgreifen?
- Was hat der junge Mensch (u. a. auf der Flucht) geleistet?
- Welche Situationen hat er gemeistert? Was hat ihn gestärkt? Welche Bewältigungsstrategien waren hilfreich?
- Welche Faktoren haben ihn vor negativem Stress bewahrt?
- Was hat seine psychische Widerstandsfähigkeit bewirkt?
- Welche protektiven Faktoren können durch die Fachkraft aufgegriffen werden?

Folgende Aspekte können eine konkrete **praktische Orientierung** bieten:

- Zur Förderung von Resilienz und zur Erfahrung von Selbstwirksamkeit reicht es nicht aus, den Alltag in der Einrichtung zu gestalten und sich um die Alltagsversorgung und schulische Angelegenheiten zu kümmern (Esser/Knab 2012). Junge Flüchtlinge benötigen Aufgaben. Sinnvolle Aufgaben. Lösbare Aufgaben. Erfolg vermittelnde Aufgaben. Soziale Arbeit sollte bemüht sein, diese zu organisieren und in deren Auswahl sowie der Gestaltung möglichst kreativ sein.
- Es ist wichtig zum Aufbau eines Netzwerkes, welches eine wichtige soziale Ressource darstellt, aktiv beizutragen. Unterstützungsmöglichkeiten durch die Eltern und Geschwister fehlen bzw. sind stark eingeschränkt. Aber auch Freunde, Verwandte, ehrenamtliche Helfer, Mentoren, professionelle Fachkräfte oder die aktive Mitgliedschaft in einem Verein sind zu den stabilisierenden Faktoren zu zählen.
- Sehr hilfreich für Integration, Stabilisierung und Selbstwertgefühl sind partnerschaftliche Beziehungen. Ein Aspekt, der wenig Beachtung findet, obwohl überwiegend Jugendliche

in der Adoleszenz nach Deutschland einreisen. Allerdings hat die Fachkraft auch nur wenig Einfluss darauf, zu gelingenden Partnerschaftsbeziehungen beizutragen.

- Bindungs- und Bezugspersonen sind zentral für eine positive Entwicklung von Kindern und Jugendlichen. Feste Bezugspersonen und Erwachsene, die eine sichere Basis bieten, um Vertrauen und Autonomie entwickeln zu können, sind bedeutsame protektive Wirkfaktoren. Die Fachkraft trägt entsprechend ein hohes Maß an Verantwortung. Die Nähe-und-Distanz-Balance ist nicht einfach herzustellen, zumal die gemeinsame Zeit begrenzt ist.

☞ *Das Video „Das Pinguin-Prinzip ..." (www.youtube.com/watch?v=sY539oAsTb0&list=PLHBnVuirDduwywb5vug52kyQ-QFnbSXd3, 12.04.2016) ist ein sehr anschaulicher Beitrag zur Stärkenorientierung. Der Kurzfilm könnte bei der Fachkraft u. U. mehr (be)wirken und länger in Erinnerung bleiben, als die ausschließlich theoretische Befassung mit dem ressourcenorientierten Ansatz.*

Verselbstständigungsphase

„Wer sichere Schritte tun will, muss sie langsam tun."
(Wolfgang von Goethe)

„Zwischen Autonomiestreben und Hilfebedarf" – dieser treffende Buchtitel von Katharina Detemple (2013) könnte eigentlich eine Beschreibung für jeden Jugendlichen sein, der in sozialpädagogischen Kontexten betreut oder unterstützt wird, gilt jedoch in ganz besonderer Weise für unbegleitete minderjährige Flüchtlinge. Sie haben auf der Flucht eine sehr hohe Autonomie zeigen müssen. Auch in ihrer neuen Umgebung in Deutschland müssen sie lernen, sehr früh auf „eigenen Beinen" zu stehen. Somit sind sie einerseits relativ autonom und wirken oft reifer und selbstsicherer als viele junge Menschen, die in Deutschland aufgewachsen sind (Bayerisches Staatsministerium für Arbeit und Soziales, Familie und Integration 2015), doch besteht andererseits erheblicher Hilfebedarf

- beim Ankommen in Deutschland,
- bei der gesellschaftlichen Integration,
- beim Umgang mit Ämtern,
- bei schulischen Fragen,
- beim Spracherwerb,
- beim Umgang mit Traumata,
- bei der beruflichen Orientierung und Integration.

Deshalb sind Interaktionen in Einrichtungen, die im Wesentlichen aus der Kontrolle eines geordneten Alltagsablaufes bestehen und sich auf moralisierende Appelle beschränken, nicht ausreichend. Junge Menschen wollen nicht nur in einer Situation funktionieren, sondern erwarten Fachkräfte, die auf ihre Entwicklungsaufgaben eingehen und Hilfestellungen für das Leben außerhalb der Einrichtung geben.

In allen Feldern der Kinder- und Jugendhilfe ist es grundsätzlich eine wichtige Aufgabe der Fachkräfte, Verselbstständigungsprozesse an- und einzuleiten. Für unbegleitete minderjährige Flüchtlinge, die in Einrichtungen der Erziehungshilfe untergebracht sind, gilt dies jedoch in besonderem Maße, weil die Lebensbedingungen in Deutschland unbekannt sind und der Zeitraum in der Kinder- und Jugendhilfe angesichts ihres Alters bei der Einreise z. T. nur kurz ist, vor allem dann, wenn keine Hilfen für junge Volljährige (nach § 41 SGB VIII) bewilligt werden.

Unbegleitete minderjährige Flüchtlinge haben keine Möglichkeit, sich langsam schrittweise vorwärts zu bewegen. Die jungen Flüchtlinge müssen aufgrund ihres Alters in einem rasanten Tempo lernen, selbstständig zu werden und ein Leben weitgehend ohne Hilfe und Unterstützung zu führen. Für die Fachkräfte bedeutet dies, dass ihnen nicht viel Zeit für pädagogische Prozesse zur Verfügung steht, um Schritte einzuleiten, anzuleiten, zu begleiten, zu wiederholen etc.

Was ist zu den Verselbstständigungsprozessen zu zählen?

„Wer mit seinen eigenen Zähnen kaut, hat den meisten Nutzen."
(afrikanisches Sprichwort)

Bei einer Befragung von 412 Leitungs- und Fachkräften aus niedersächsischen Jugendämtern aus den Fachbereichen Allgemeiner Sozialer Dienst und Pflegekinderdienst, von freien Trägern, Pflegepersonen sowie Schülern und Studierenden wurden Kompetenzen identifiziert, die diese im Hinblick auf eine selbstständige Lebensführung der Jugendlichen als wichtig erachten. Unter Verselbstständigung werden vor allem alltagspraktische Fähigkeiten verstanden. Zuvörderst benannt wurden die Bereiche

- Finanzen (verantwortungsvoller Umgang mit Geld),
- Pünktlichkeit (vor allem pünktlich zur Schule/zur Arbeit zu gehen),
- ein kompetenter Umgang in Bezug auf Gesundheitsfragen,
- eigenverantwortliches Handeln der jungen Menschen (z. B. alleine in der eigenen Wohnung gut klar kommen) und
- das Sauberhalten der Wohnung (Nds. Landesamt für Soziales, Jugend und Familien 2013).

Sind dies hinlängliche Zielsetzungen, wenn es um die Verselbstständigung geht? Ist ein junger Mensch bei Erfüllung dieser Anforderungen in der Lage, selbstständig zurechtzukommen? Die Ansprüche erscheinen eher minimalistisch und unvollständig. Für eine weitgehende Selbstständigkeit sind zusätzliche Kompetenzen notwendig.

Care-Leaver-Studien weisen darauf hin, dass insbesondere die Persönlichkeitsentwicklung, Handlungsautonomie und Selbstwirksamkeit im Übergang zentral sind. Ganz besonders relevant ist die Bindung zu Bezugspersonen nach dem Verlassen der Einrichtungen. Verlässliche soziale Netzwerke helfen, Beziehungs- und Bildungsarmut zu vermeiden (Sievers et al. 2014). Deshalb ist der Kontaktaufbau zu Vereinen, Paten, Mentoren, ehrenamtlichen Helfern, anderen Flüchtlingen etc. sehr bedeutsam. Gerade junge Flüchtlinge haben bereits einschneidende Beziehungsabbrüche erlebt und benötigen nach dem Verlassen der Jugendhilfeeinrichtungen verlässliche Erwachsene oder Freunde, um nicht Gefahr zu laufen, erneut destabilisiert zu werden.

Bei älteren unbegleiteten Flüchtlingen sollte der Schwerpunkt der Verselbstständigung darin liegen, ihnen eine schulische, berufliche und soziale Orientierung zu bieten. Es finden sich vergleichsweise wenige Hinweise, dass diese Verselbstständigungsaufgaben im Fokus der Fachkräfte sind.

„Es ist nicht schwer, diesen Jugendlichen ein Zimmer und Essen zu geben – das Problem, an welchem dringend gearbeitet werden muss, besteht in der Kooperation mit Schulen, Ausbildungsstellen und der Wohnungsvermittlung." (Dusold 2014, 14)

Der Übergang in die Zeit nach der Jugendhilfe beinhaltet für junge Flüchtlinge besondere Herausforderungen, auf die es vorzubereiten gilt, da z. T. ein abrupter Wechsel von den Standards der Jugendhilfe (Wohnen, medizinische und therapeutische Versorgung, Schul- und Freizeitangebote, päd. Betreuung) zu den deutlich geringeren Leistungen des Asylbewerberleistungsgesetzes erfolgt. Gerade noch schutzbedürftiger Jugendlicher und dann per Stichtag schon selbstständiger Erwachsener? Nicht allen Jugendlichen ist die Tragweite der eigenen Volljährigkeit gänzlich bewusst. Unter Umständen kann mit 18 auch der Abschiebeschutz entfallen. Deshalb ist auch diesbezüglich eine Abklärung (i.d.R. durch den Vormund) und ggf. eine Vorbereitung des Jugendlichen auf eine Rückführung notwendig.

Übergänge gestalten

Der § 41 SGB VIII bietet Hilfen für junge Volljährige, wenn ein fortgesetzter geschützter Rahmen in der Jugendhilfe notwendig ist. Eine nachhaltige Unterstützung kann verhindern, dass erzielte Fortschritte durch ein zu schnelles Ende der Maßnahmen der Jugendhilfe zunichte gemacht werden. Durch eine verkürzte und damit unzureichende Vorbereitung auf das gesellschaftliche Leben in Deutschland bestehen erhebliche Folgerisiken wie zum Beispiel das Abgleiten in

Jugendkriminalität, Arbeits- und Wohnungslosigkeit, Ausgrenzung und Armut (Freie Wohlfahrtspflege Bayern und LAG Jugendsozialarbeit Bayern 2015). Im Januar 2016 befanden sich 7721 ehemals unbegleitete minderjährige Flüchtlinge in Maßnahmen der Jugendhilfe gemäß § 41 SGB VIII (B-UMF 2016a).

Die Hilfen nach § 41 SGB VIII sind vom jungen Volljährigen rechtzeitig vor Vollendung des 18. Lebensjahres zu beantragen. Der Fachkraft obliegt es, den jungen Menschen bei Bedarf entsprechend zu unterstützen, um die Chancen auf eine Bewilligung zu erhöhen (Sievers et al. 2015). Allerdings ist die Problematik der unzureichenden Weiterförderung hinlänglich bekannt. In vielen Kommunen werden die Hilfen nur sehr zögerlich und in Ausnahmefällen bewilligt, andere sind großzügiger. Die erhebliche Schwankungsbreite entzieht sich einer Erklärbarkeit (Nds. Landesamt für Soziales, Jugend und Familien 2013). Für den jungen Menschen ist die Weitergewährung der Hilfen stark vom Wohnort und damit vom Zufall abhängig. Der Paritätische Baden-Württemberg spricht von einem Fall in ein „Volljährigkeitsloch", der ein sehr tiefer sein kann (Seckler 2015, 1). Bei unbegleiteten minderjährigen Flüchtlingen übernehmen i.d.R. jedoch die Länder anstelle der sonst zuständigen Kommunen die Kosten, was zu einer höheren Bereitschaft führt, die Hilfen länger zu bewilligen. Diese Regelung wird aber z. T. infrage gestellt bzw. außer Kraft gesetzt (z. B. in Bayern).

BEISPIEL

Projekt zur Verselbstständigung
Unter Einbeziehung der Perspektive (ehemaliger) unbegleiteter minderjähriger Flüchtlinge und in Kooperation mit fünf Jugendhilfeeinrichtungen ist in einem Projekt des Bundesfachverbandes unbegleiteter minderjähriger Flüchtlinge geplant, bis Mai 2017 die Phase des Übergangs von der Jugendhilfe in die Selbstständigkeit zu analysieren. In der Folge ist die Entwicklung von Handlungsempfehlungen und Qualifizierungsangeboten für Fachkräfte vorgesehen. Zudem werden

Vorschläge zur Verbesserung der strukturellen Rahmenbedingungen erarbeitet.

Freizeitpädagogik

„Zwischen Lachen und Spielen werden die Seelen gesund."
(afrikanisches Sprichwort)

Erfolge beim Spracherwerb, in der Schule oder bei der gesellschaftlichen Integration sind für junge Flüchtlinge zumeist nicht kurzzeitig erreichbar und herstellbar, weshalb Stärken und Fähigkeiten in anderen Bereichen sichtbar und erlebbar werden müssen, damit durch schneller erreichbare Erfolge zum Aufbau von Selbstwertgefühl und zur Stabilisierung der jungen Flüchtlinge beigetragen werden kann. Gute Ansatzpunkte bieten Musik, Sport, Kunst und handwerkliches Arbeiten, insbesondere weil hierzu nur begrenzt deutsche Sprachkenntnisse notwendig sind. Manche Fachkräfte sehen zu viele Aktivitäten jedoch kritisch, weil die Jugendlichen „zur Ruhe" kommen müssten. In einer Studie über ehemalige Heimkinder wird hingegen herausgestellt, wie bedeutsam gruppenbegleitende und gruppenübergreifende (Freizeit)Aktivitäten für eine positive Persönlichkeitsentwicklung und den Aufbau von Resilienz und Selbstvertrauen sind und wie maßgeblich sie – neben der besonders relevanten Wirkung einer Bindungsperson – zum Erfolg der stationären Jugendhilfe beitragen (Esser/Knab 2012). Gerade im Kontext der Arbeit mit unbegleiteten minderjährigen Flüchtlingen, die sprachlich eingeschränkte Möglichkeiten besitzen, die Ablenkung benötigen, die Einblicke in vorhandene Angebote brauchen, die Kenntnisse über die Gepflogenheiten und das gesellschaftliche Leben in Deutschland erwerben sollen, scheint es naheliegend, eine Vielzahl von Angeboten zu unterbreiten. Durch Freizeitaktivitäten können soziale Erfahrungen gemacht werden, die Selbstwirksamkeit und Selbstvertrauen vermitteln, zudem dienen sie der Tagesstrukturierung und verhindern Langeweile.

Die Kinder- und Jugendhilfe hält zahlreiche Angebote und Leistungen vor, um junge Flüchtlinge in Hinsicht auf gesellschaftliche

Integration zu unterstützen. Insbesondere die Jugendarbeit, die Jugendsozialarbeit und die Jugendverbände sind Orte zur Bildung von Identität, für sinnstiftende Aktivitäten und Engagement (AGJ 2015a).

TIPPS FÜR DIE FACHKRAFT

- Musik ist für alle jungen Menschen von zentraler Bedeutung. Sie kann insbesondere der Entspannung oder dem Transportieren und Verarbeiten von Gefühlen dienen. Musik ist für junge Flüchtlinge auch eine Möglichkeit, um die mit einem Abschied und Neubeginn verbundenen Empfindungen zuzulassen und zu verarbeiten. „Das Hören von Liedern aus der Heimat kann als Erinnerungsmedium fungieren und die Sehnsucht stillen, da die geographische Entfernung durch den Transport von bekannten Klängen überwunden werden kann." (Boufeljah 2015, 173)
- Das Programm „Kultur macht stark. Bündnisse für Bildung" (www.buendnisse-fuer-bildung.de, 12.04.2016) ist auch für junge Flüchtlinge nutzbar. Es werden außerschulische Angebote der kulturellen Bildung wie Paten- und Mentorenprogramme, Leseförderungen, Ferienfreizeiten, Musik-, Tanz-, Theater- oder Zirkusaktionen gefördert und angeboten.
- Theaterpädagogische Projekte können z. T. auch ohne sprachliche Kenntnisse umgesetzt werden, etwa in Form von Schwarzlichttheater, Pantomime oder Tanz. Es sollten Gelegenheiten geschaffen werden, bei denen die jungen Flüchtlinge ihre Ressourcen einbringen können (z. B. bei Ausstellungen, durch Vorführungen, auf Tagungen, bei Veranstaltungen und Festen, im Internet). Auch Besonderheiten aus dem Herkunftsland könnten präsentiert werden (z. B. Sandbilder, Schnitzereien, Musik, spezielle Gerichte, Fotoausstellungen).
- Eine Kooperation mit Akteuren der örtlichen Kulturszene kann sinnvoll sein. Vorhandene Ressourcen gilt es aufzugreifen (z. B. musikalisches Talent, künstlerische Begabung). Verkaufserlöse/Eintrittsgelder können ein zusätzlicher kleiner Anreiz sein.

- Karten-, Brett- und andere Spiele sind auch ohne Sprachkenntnisse leicht erlernbar und zudem in multiethischen Gruppen einsetzbar. Spiele bieten sich auch an, um die Interessen und die Kultur der jungen Flüchtlinge aufzugreifen. Im afrikanischen Raum ist beispielsweise Kalaha, zugehörig zu den Mancalabrettspielen, sehr beliebt (Spieleanleitungen: www.youtube.com, 12.04.2016). UNICEF hat „Spiele rund um die Welt" zusammengestellt (2009, www.unicef.de, 12.04.2016).
- Auch computeranimierte Spiele sollten genutzt werden. Sie setzen ganz besonders an jugendtypische Bedürfnisse an. Möglich sind auch Tanz,- Fitness,- oder Sportspiele unter Nutzung von Spielkonsolen.
- Freizeitaktivitäten sind zu fördern (z. B. Tischtennis, das Bauen von Skateboardbrettern oder die Organisation von Tanzveranstaltungen im Jugendtreff).
- Die Nutzung von (neuen) Medien kann ein weiteres Angebot darstellen (z. B. Filmherstellung am PC u. a. durch Verwendung eigener Filme und Fotos der Jugendlichen etwa aus dem Herkunftsland, von der Flucht oder dem neuen Wohnumfeld; Aufbau einer Homepage, Mitgestaltung der Homepageseite der Einrichtung).
- Kooperationsprojekte mit deutschen Jugendlichen sind erstrebenswert.

Sportangebote

> *„Sport has the power to change the world."*
> *(Nelson Mandela, 2000)*

Sportliche Aktivitäten bilden den Schwerpunkt der gewünschten und der angebotenen Freizeitaktivitäten unbegleiteter minderjähriger Flüchtlinge (Jordan 1999). Sport allgemein, aber besonders Fußball und Fitnesstraining sind gefragt (Magistrat Marburg 2015).

„Sport braucht keine Sprache" (Karnoub in Stengel 2015, 42), ist sinnstiftend, kann integrationsfördernd sein und in ganz besonderer Weise Selbstbestätigung und Erfolgserfahrungen ermöglichen, sei es durch ein gewonnenes Spiel, die erreichte Zielmarke, den Beifall von Zuschauenden oder Mitwirkenden, die Fortschritte bei der körperlichen Fitness oder dem Muskelaufbau u. ä. m. Sport kann zu einem Fairplay-Verständnis beitragen, das Regelverständnis fördern, den Ehrgeiz anstacheln. Sport kann ablenken und vergessen lassen, Gefühle freisetzen und ermöglicht Grenzerfahrungen und das Überschreiten von Grenzen. Sport kann Aggressionen abbauen oder kanalisieren etc. Dies sind Facetten sportlicher Wirkungen, die bekannt sind.

Nicht umsonst sind sportliche Aktivitäten in allen konzeptionellen Überlegungen der Kinder- und Jugendhilfe klassischer Bestandteil der Pädagogik, sei es in der offenen Kinder- und Jugendarbeit, der Verbandsarbeit, den stationären Settings oder in der Arbeit mit den als besonders problematisch geltenden Kindern und Jugendlichen.

--- TIPPS FÜR DIE FACHKRAFT

- Sport, insbesondere Straßen- und Vereinsfußball, bietet sich als Mittel zur gesellschaftlichen Integration junger Flüchtlinge in ganz besonderer Weise an. Das Mitspielen in einem Verein ist allerdings oft „ganz klar aufs Spielen reduziert" (Magistrat Marburg 2015, 47) (was bei deutschen Jugendlichen allerdings ebenfalls zu beobachten ist). Somit ist sportliche Integration kein Selbstläufer, sondern sollte gezielt unterstützt werden.
- Eine gute Vorbereitung, ausreichende Verlässlichkeit der Jugendlichen und kompetente Trainer sind grundlegende Voraussetzungen, damit es nicht zu beiderseitiger Frustration kommt.
- Alle Mitglieder von Vereinen, die einem Landessportbund bzw. -verband angehören sowie deren Mitglieder sind im Rahmen einer Gruppenversicherung unfall-, haftpflicht- und in den meisten Fällen auch rechtsschutzversichert. Viele Vereine haben für Flüchtlinge, die an offenen Sportangeboten und Aktivitäten von Vereinen unabhängig von der Vereinsmit-

gliedschaft teilnehmen, ergänzend eine Unfall- und Haftpflichtversicherung abgeschlossen (MIFKJF Rheinland-Pfalz 2015).
- Sportliche Aktivitäten sollten nach Möglichkeit die Interessen der Jugendlichen berücksichtigen (z. B. Cricket).
- Für Mädchen sind unter Umständen gezielte weitere Angebote sinnvoll und notwendig (z. B. Tanzen, Gymnastik). Etliche Frauen aus den Zufluchtsländern waren daran gehindert, Radfahren zu erlernen. Ein Angebot diesbezüglich wäre angebracht (sofern die Mädchen Interesse zeigen).
- Bodybuilding steht bei den Jugendlichen hoch im Kurs. Vielleicht lassen sich Fitnessstudios finden, die günstige oder kostenlose Angebote unterbreiten oder Sponsoren, die Mitgliedschaften in Fitnessvereinen fördern.
- Erlebnispädagogische Angebote (z. B. Klettern, Kanu fahren) fordern den Einzelnen und fördern die Gruppe in besonderer Weise.
- Gerade im sportlichen Bereich gibt es eine Vielzahl von (finanziellen) Unterstützungsangeboten örtlicher wie überörtlicher Förderer. Einige Kommunen nutzen das Bildungs- und Teilhabepaket der Bundesregierung oder haben Vergünstigungen für einkommensschwache Personen (Sozialpässe).
- Schwimmangebote können für einzelne junge Flüchtlinge problematisch sein, da diese Erinnerungen an die Flucht wachrufen und zu Flashbacks führen können.

6 Spezifische pädagogische Herausforderungen im Kontext unbegleiteter minderjähriger Flüchtlinge

Die beschriebenen Aufgabenfelder wie Hilfeplanung, Partizipation oder Angebote zur Freizeitgestaltung enthalten Aspekte, die bei allen Jugendlichen Gültigkeit besitzen, die aber einiger zusätzlicher Überlegungen in Bezug auf unbegleitete minderjährige Flüchtlinge bedurften. Und es gibt zudem sehr spezifische Herausforderungen zu berücksichtigen und zu bewältigen. Einige Bereiche, die besonders wichtig erscheinen, sollen im Folgenden in komprimierter Form dargestellt und in ihren Konsequenzen für die pädagogische Arbeit analysiert werden.

6.1 Relevanz von Sprache

„Jede neue Sprache ist wie ein offenes Fenster, das einen neuen Ausblick auf die Welt eröffnet und die Lebensauffassung weitet."
(Frank Harris)

Es ist unstrittig, dass das Erlernen der deutschen Sprache zentrale Voraussetzung für eine berufliche und gesellschaftliche Integration darstellt. Auch ist die soziale Funktion der Sprache sehr bedeutsam.

Während Kinder Sprachen sehr schnell erlernen können, nimmt insbesondere der intuitive Spracherwerb beim Erlernen der Zweit- oder Drittsprache mit zunehmendem Alter ab und die Wahrscheinlichkeit steigt, dass nicht mehr auf allen Ebenen ein muttersprachliches Niveau erreicht werden kann (Tracy 2015).

Die Fachwelt berichtet jedoch von einem großen Teil der unbegleiteten minderjährigen Flüchtlinge, die ausgesprochen lernmotiviert sind und zudem hohe intellektuelle Kompetenzen mitbringen. Die intrinsische Motivation gekoppelt mit dem persönlichen Vermögen sind ideale Voraussetzungen zum schnellen Erlernen der deutschen Sprache. Dabei stellen der Wunsch nach Interaktion mit den Menschen der Aufnahmegesellschaft, das Streben nach Integration sowie ein schneller beruflicher Einstieg einen großen Antrieb dar.

Gleichzeitig neigen Menschen aus anderen Sprachkreisen dazu, innerhalb ihrer Community die Herkunftssprache zu verwenden. Dies sollte auf keinen Fall unterbunden werden, da das Reden in der Heimatsprache unmittelbarer ist, Unsicherheiten nimmt und leichter Emotionen und Gefühle ausgedrückt werden. Gerade für (junge) Flüchtlinge ist das Verarbeiten von Emotionen und Gefühlen von erheblicher Relevanz. Samuel Johnson hat schon im 16. Jahrhundert von der Sprache als der Kleidung der Gedanken gesprochen (www.aphorismen.de, 27.04.2016).

Wenn die jungen Flüchtlinge die deutsche Sprache besser beherrschen, wird das Code-Switching zunehmen — eine Option für Menschen, die mit zwei oder mehr Sprachen umgehen können. Der Wechsel der gewählten Sprache erfolgt je nachdem, welche Kommunikationsstruktur erforderlich ist und sie wechselt je nach Gesprächsthema, Gesprächspartner oder Gesprächsort (Schultz-Ünsal 2009). Das ist ein Phänomen, das beispielsweise in jeder Straßenbahn einer Großstadt beobachtet werden kann. Das Code-Switching erfolgt häufig sogar innerhalb eines Satzes, wenn die Mithörer bestimmte Worte oder Aussagen nicht verstehen sollen. Code-Switching spielt zudem dann eine Rolle, wenn es in der neu erworbenen Sprache für bestimmte Ausdrücke kein Äquivalent gibt oder wenn beispielsweise Gefühle ausgedrückt werden.

Unterstützungsmöglichkeiten durch die Fachkraft

Das Vermitteln der deutschen Sprache stellt keine Aufgabe für Fachkräfte der Kinder- und Jugendhilfe dar. Sprachförderung für unbegleitete minderjährige Flüchtlinge muss in Schulen oder in Sprachkursen stattfinden. Zum Teil werden auch in Inobhutnahmestellen oder Einrichtungen der Erziehungshilfe Lernangebote unterbreitet — entweder zusätzlich oder zur Überbrückung der Wartezeit, bis ein Schulplatz gefunden wird.

Sprachlernangebote vor Ort sind unbedingt empfehlenswert, und ein Zugang ist den Jugendlichen zu ermöglichen. Aber die Option, an einem Angebot teilzunehmen zu können, ist längst nicht überall gegeben oder nicht immer kurzfristig organisierbar, da der Andrang sehr groß ist. Entsprechend ist die Nutzung von Übergangs- und Behelfslösungen notwendig. Außerdem ist eine Ergänzung bestehender Sprachlernangebote immer sinnvoll.

Das Internet als multimediale Plattform mit Sprachlernoption

Das Internet und das Smartphone bieten vielfältigste Nutzungsoptionen. Die Existenz der „neuen" Techniken (Internet, Handy, Apps etc.) hat zu einer erheblichen Verbreitung von Sprachlernangeboten und Übersetzungsangeboten beigetragen und ist zu einem probaten Hilfsmittel geworden, welches auch in der Sozialen Arbeit/Kinder- und Jugendhilfe genutzt werden kann.

Es sind erfreulich schnell neue Angebote für die Flüchtlinge entwickelt bzw. verbreitet worden. Für das internetbasierte Lernen lassen sich vielfältige Vorteile benennen:

- Das Lernen ist lehrkraftunabhängig möglich, zudem bestehen keine zeitlichen Vorgaben. Stattdessen kann der Jugendliche autonom entscheiden, wann und wo er lernen will (sofern in der Einrichtung ausreichend zeitliche wie technische Möglichkeiten bestehen bzw. die Handynutzung über Flatrate erfolgt).
- Vertiefungs- und Wiederholungsphasen sind beliebig oft je nach eigenem Lerntempo und eigenem zeitlichem Budget möglich. Es entwickelt sich ein „Gespür" für die Sprache, wenn sprachunterlegte Texte wiederholt gehört werden können.
- Bei vielen Programmen erfolgt bei erfolgreicher Bearbeitung ein unmittelbares positives Feedback, wenn die Aufgabe gelöst wurde. Diese Rückmeldung wirkt sich wiederum günstig auf die Lernmotivation aus.

- Es finden sich im Netz vielfältige Angebote mit unterschiedlichen Lernniveaus.
- Jugendliche haben i.d.R. eine hohe Affinität zu neuen Medien. Insbesondere spielerisches Lernen findet ihr Interesse. Dies ist z. B. über Memorys, Quizformen oder Rätselaufgaben möglich. Da zudem mehrere Lernkanäle (Sehen, Hören und Handeln) gleichzeitig aktiviert werden, festigt sich das Gelernte besser (Berwian 2007).
- Die Fachkraft könnte den jungen Flüchtling bei der Auswahl von Angeboten unterstützen. Oft sind spezifische Hilfen jedoch weder den Fachkräften noch den Jugendlichen bekannt (Kutscher/Kreß 2015). Zudem ist eine gewisse Medienkompetenz Grundvoraussetzung.

Ehrenamtliche als Sprachvermittler

„Der Gruß führt zur Unterhaltung."
(persisches Sprichwort)

Vielfach bieten sich Ehrenamtliche an, beim Erlernen der deutschen Sprache zu unterstützen. Die Wirkungen dieser Sprachlernangebote in Bezug auf das Ziel, die Deutschkenntnisse zu verbessern, sind jedoch eher als gering einzuschätzen, weil es sich meist um zeitlich sehr begrenzte Angebote handelt und die Unterrichtung z. T. weder methodisch noch didaktisch ausgereift ist. Somit können sie qualifizierten Sprachförderunterricht keinesfalls ersetzen. Ihre Relevanz liegt eher darin, dass die jungen Menschen Zuwendung erfahren und Kontakte zur einheimischen Bevölkerung entstehen.

Patenprojekte, die auf längerfristige Unterstützung in allen Lebenslagen zielen, sind auf jeden Fall sehr zu begrüßen. Neben der zentralen sozial-integrativen Funktion können Paten auch zur Verbesserung der deutschen Sprachkenntnisse beitragen.

TIPPS FÜR DIE FACHKRAFT

- Es ist wichtig, die Motivation der Jugendlichen aufrechtzuerhalten und zu fördern. Deshalb ist auf die Angemessenheit des Angebots zu achten.
- Wünschenswert wäre die Schaffung von Gelegenheiten, bei denen die jungen Flüchtlinge sich mit deutschen Kindern und Jugendlichen austauschen können (auch per Internet denkbar!).
- Wichtig ist es, in der Alltagskommunikation mit den unbegleiteten Minderjährigen gezielt auf die eigene Kommunikation zu achten. Abkürzungen wie etwa BVJ (Berufsvorbereitungsjahr) oder Redewendungen wie „Deutschlernen ist das A und O" sind zu vermeiden. Es gilt, sich zudem darüber bewusst zu sein, dass doppeldeutige Worte wie z. B. Finger-Nagel besonders schwer verständlich sind und sich eigentlich nur über Auswendiglernen erschließen lassen **(Kap. 4.2 Handreichung „Sprachsensibel beraten")**.
- Ein hoher Nutzwert der Sprache, also die direkte, unmittelbare Relevanz für den Alltag ist bedeutsam, um die Lernmotivation zu erhalten bzw. zu erhöhen.
- Jugendliche Flüchtlinge wollen zur Verfestigung, zur Beschäftigung oder zur Selbstkontrolle (Haus)Aufgaben erledigen. Zudem möchten sie oft nicht nur reden, sondern auch schreiben (Burkart-Sodonougbo 2007).
- Angebote wie etwa eine Hausaufgabenbetreuung sollten sowohl in den stationären Einrichtungen der Erziehungshilfe als auch in Jugendzentren, Freizeiteinrichtungen oder der Familienbildung aufgebaut werden. Hier können zur Unterstützung auch ehrenamtliche Akteure tätig werden.
- Sofern sich für Fachkräfte Fortbildungen oder Qualifizierungskurse anbieten, die Kenntnisse vermitteln, wie Spracherwerb am sinnvollsten gefördert werden kann, könnten diese genutzt werden.
- Geeignet für das Erlernen der deutschen Sprache sind immer auch Verbindungen von praktischen Tätigkeiten mit Schrift-

Relevanz von Sprache 117

sprache und Sprache, so etwa beim gemeinsamen Kochen, Handwerken oder bei sportlichen Aktivitäten.

Kommunikations- und Sprachlernangebote für Fachkräfte und junge Flüchtlinge

⌇ Basiskonversation für neu eingereiste (minderjährige) Flüchtlinge:

- *Das* „**Refugee Phrasebook**" *(www.refugeephrasebook.de, 18.04.2016) dient zur Orientierung nach der Einreise. Dazu werden in 28 Sprachen die wichtigsten Sätze zur Basiskonversation sowie aus dem medizinischen und rechtlichen Bereich zur Verfügung gestellt.*
- „**Einstieg Deutsch**" *– Die Lern-App (www.dvv-vhs.de, 18.04.2016) bietet niedrigschwellige, auf die Herkunftssprachen von Flüchtlingen angepasste Angebote, die mit Smartphones genutzt werden können und zu der Lernplattform www.ich-will-deutsch-lernen.de hinführen.*
- *Ein kostenloses Angebot stellt der Deutsche Volkshochschulverband auf dem Portal* „**Ich-will-Deutsch-lernen**" *(www.iwdl.de, 18.04.2016) zur Verfügung, um die sprachliche, gesellschaftliche und berufliche Integration von Zugewanderten zu unterstützen. Es gibt einen Deutschkurs auf verschiedenen Niveaustufen (A1–B1 entsprechend dem Rahmencurriculum für Integrationskurse) sowie umfangreiche Materialien zur Alphabetisierung in der Zweitsprache Deutsch. Auch können die Deutschkenntnisse im Bereich Arbeit und Beruf verbessert werden. Die jungen Flüchtlinge können sich über das Portal selbstständig die deutsche Sprache beibringen. Lernende, die sich individuell anmelden, werden von Tutoren des Deutschen Volkshochschulverbandes betreut.*

⌇ **Kostenlose Deutschkurse:**

- *Die weltweit größte Sprachlernplattform* „**Busuu**" *(www.busuu.com, 18.04.2016) ist ein soziales Netzwerk, das (überwiegend) kostenlose interaktive Grundkurse in Deutsch anbietet, die die Niveaus A1, A2, B1 und B2 abdecken und Themen des täglichen Lebens vermitteln. Ein*

Vorteil des Netzwerkes ist die Möglichkeit des Kontakts von Lernenden untereinander sowie mit Muttersprachlern aus anderen Ländern.
- Die Webseite „Aktiv-mit-Deutsch" (www.aktiv-mit-deutsch.de, 18.04.2016) enthält eine Sammlung von Materialien und Ideen rund um das Thema Deutsch als Fremdsprache. U. a. befasst sich die Seite mit Spielen, die sich für den Unterricht „Deutsch als Fremdsprache" eignen. In einem Spieleblog finden sich Rezensionen von Gesellschaftsspielen mit didaktischen Hinweisen.
- Das **Goetheinstitut** (www.goethe.de, 18.04.2016) bietet Flüchtlingen eine Vielzahl von Sprachlernangeboten (z. B. Selbstlernkurse, Sprechübungen, Vokabeltrainer, Videos) sowie Informationen zum Umgang mit Behörden, im Alltag oder bei der Arbeitssuche. Alle Angebote funktionieren auf Smartphones und Tablets.
- Das Sprachlernangebot der **„Deutschen Welle"** (www.dw.com/deutschlernen, 18.04.2016) ermöglicht kostenlose Deutschkurse.
- Das **Deutsch-Portal** (www.deutsch-portal.com, 18.04.2016) wird von Deutsch-als-Fremdsprache-Verbänden und Universitäten unterstützt und richtet sich an Lehrkräfte.

Spezielle Angebote: *Angebote für Menschen, die nicht aus den Hauptherkunftsländern kommen, sind noch sehr rar, aber können per Recherche im Netz vereinzelt gefunden werden, so zum Beispiel:*

- Ein **Selbstlernbuch für Eritreer** gibt es von der Caritas (info@caritas-nk.de).
- Das Diakonische Werk Niedersachsen hat die App **„German for refugees"** (https://play.google.com, 18.04.2016) erstellt, die 50 Sprachen umfasst. Sie ist zur Grundverständigung gedacht und beinhaltet Alltagsthemen wie „Familie", „Sport" oder „Gefühle". Für Sprachlehrer in der Flüchtlingshilfe wurde sie auch als Buch herausgebracht.

Weitere Hinweise: *In der* **Online-Beratung der Jugendmigrationsdienste** *(www.jmd4you.de, 18.04.2016) können Beraterinnen und Berater über das Internet kostenlos kontaktiert werden. Sie beantworten die Fragen anonym und mehrsprachig.*

Relevanz von Sprache 119

⌒ **Medien:** *Es sind erste kleinere Ansätze erkennbar, Flüchtlinge in Radio- und Fernsehprogrammen anzusprechen.*

- *Das ZDF bietet z. B.* „**ZDFarabic/ZDFenglish**" *an. Es ist ein für Smartphones optimiertes Videoangebot, mit dem deutsche Politik, Kultur und wichtige Themen für die Orientierung im Land vermittelt werden sollen. Die ARD sendet ebenfalls spezielle Programme für Flüchtlinge (www.ard.de, 18.04.2016).*
- *Radiosender (z. B. Deutsche Welle, NDR, WDR oder SRW International) strahlen* **Sendungen für Flüchtlinge** *aus dem arabischen Raum aus.*
- *Auch auf YouTube finden sich geeignete* **Videos** *über die Eingabe entsprechender Suchbefehle wie z. B. Welcome oder Flüchtlinge.*
- *Verlage offerieren verschiedenste* **Lernmaterialien***, z. T. können diese kostenlos erworben werden.*
- *Bibliotheken (www.interkulturellebibliothek.de, 18.04.2016) bieten per Internet und in größeren Städten auch vor Ort eine umfangreiche* **Sammlung fremdsprachlicher Bücher** *und Arbeitsmaterialien.*
- *Die kostenlose Broschüre* „**Willkommen in Deutschland – Informationen für Zuwanderer**" *(www.bamf.de, 18.04.2016) ist in mehreren Sprachen (u. a. auf Arabisch, Deutsch, Englisch, Französisch) erhältlich. Sie gibt auf rund 130 Seiten zahlreiche Tipps, die den Alltag erleichtern. Sie beinhaltet zudem (Internet-)Adressen zu Beratungsangeboten und weiterführenden Stellen.*

Einschränkend zu allen Tipps ist anzumerken, dass die Angebote nicht in allen Sprachen zur Verfügung stehen, sondern vor allem russische, europäische oder arabische Sprachen beinhalten.

Nicht alle Angebote sind eingängig und leicht verständlich, zudem sind sie nicht für jeden jugendlichen Flüchtling geeignet. Eine Vorauswahl und eine Unterstützung bei der Handhabung durch die Fachkraft ist daher geboten.

⌒ *Es ist vorteilhaft, wenn man selber ein Gefühl dafür entwickelt, wie kompliziert das Erlernen und Schreiben einer völlig fremden Sprache ist. Fachkräfte können z. B. über die Homepage* **www.welcomegrooves.de** *(18.04.2016) Wortphrasen verschiedenster Herkunftssprachen lernen.*

6.2 Traumata

„Die Seele hat ihre eigenen Grenzen, man muss sie achten."
(Bert Hellinger)

Lange Zeit haben sich vor allem die Medizin und die Psychologie mit Traumata befasst (Traumata = griech. „Wunden"). Traumatisierungen erfahren inzwischen auch in der Kinder- und Jugendhilfe verstärkte Aufmerksamkeit, insbesondere im Kontext von Vernachlässigung, (sexuellen) Gewalterfahrungen und Flucht.

Als Trauma bezeichnet man eine psychosoziale Reaktion auf eine von außen einwirkende außergewöhnliche Verletzung der Psyche, die „bei fast jedem eine tiefe Verzweiflung hervorrufen würde" und ein Einhergehen des Ereignisses mit einer „außergewöhnlichen Bedrohung oder katastrophenartigem Ausmaß" (www.degpt.de, 18.04.2016). Die Ereignisse lassen weder Flucht noch Reaktion zu, sind also mit Gefühlen von extremer Hilflosigkeit und Ohnmacht verbunden. Die massive Verletzung kann durch Naturgewalten, Unfälle oder durch Menschen verursacht werden. Die „man-made-disaster" haben i.d.R. besonders schwerwiegende Auswirkungen. Beispiele für von Menschen verursachte Auslöser für Traumata sind Gewalt, Krieg, Folter, Vergewaltigung, sexueller Missbrauch, körperliche und seelische Misshandlung – alles Ereignisse, die unbegleitete minderjährige Flüchtlinge potenziell erlebt haben können. Traumatische Belastungen bei unbegleiteten minderjährigen Jugendlichen können aber auch durch indirekte Belastungen, etwa durch die Anwesenheit bei Gewalttaten, entstehen (www.degpt.de, 18.04.2016).

Wenn durch das Ereignis/die Ereignisse die psychische Belastungsgrenze des Individuums überschritten wird und das Geschehen nicht adäquat verarbeitet werden kann, kommt es zu einer Traumatisierung. Vor allem die persönliche Wahrnehmung/Einschätzung des Opfers bezüglich seiner erlebten Hilflosigkeit und der empfundenen Bedrohung sind dabei von zentraler Bedeutung (Yurtsever 2009). Das Alter, das Geschlecht der Betroffenen sowie die Dauer und Intensität der Ereignisse sind weitere Faktoren. Auch der soziokulturellen Lebenssituation wird ein Einfluss zugeschrieben (Hargasser 2014).

Je nachdem, welches Selbstbild besteht und wie viele Schutzfaktoren die Person vereint, umso stärker oder eben weniger stark ausgeprägt sind die Folgen für die Betroffenen. Bei sehr vielen Menschen legen sich die posttraumatischen Erlebnisse ohne therapeutische Intervention (www.degpt.de, 18.04.2016). Manche Menschen können selbst schwerste Erlebnisse verarbeiten, ohne Traumatisierungsfolgeerscheinungen aufzuweisen.

Fachkräfte in der Kinder- und Jugendhilfe sind nicht erst durch unbegleitete minderjährige Flüchtlinge mit traumatisierten und psychisch belasteten Kindern und Jugendlichen konfrontiert. Von den Kindern und Jugendlichen in stationären Einrichtungen haben ca. 80 % frühkindliche Traumata erleben (Garleitner 2012), etwa 58 % dieser Kinder und Jugendlichen weisen nach dem ärztlichen ICD-Klassifikationsverfahren diagnostizierte psychische Störungen auf (Gravelmann 2015b). Die Thematik findet im Kontext von Flucht jedoch eine besonders hohe Aufmerksamkeit.

Traumata bei unbegleiteten minderjährigen Flüchtlingen

Die Forschungen zeigen, dass sehr viele Flüchtlingskinder Erlebnissen ausgesetzt waren, durch die sie traumatisiert worden sind, weshalb die Anfälligkeit für psychische Erkrankungen erhöht ist (BPtK 2015; Adam/Klasen 2015). In einem noch deutlich größeren Maß sind unbegleitete minderjährige Flüchtlinge betroffen. Ihre Erfahrungen mit traumatisierenden Erlebnissen sind signifikant höher (Witt et al. 2015; Hargasser 2014), zudem fehlt das protektiv wirkende familiäre Umfeld. Die Studien kommen aufgrund unterschiedlicher Forschungssettings jedoch zu teilweise stark voneinander abweichenden Ergebnissen, wenn es darum geht, die Anzahl der minderjährigen unbegleiteten Flüchtlinge, die von traumatischen Folgenwirkungen betroffen sind, quantitativ zu erfassen. Eine vergleichende Analyse der vorliegenden Studien weist je nach Forschungsansatz psychische Auffälligkeiten bei 20 %–80 % der unbegleiteten minderjährigen Flüchtlinge auf (Witt et al. 2015).

Ein singuläres traumatisierendes Ereignis lässt sich in der Regel leichter bewältigen als eine Aufeinanderfolge mehrerer traumatisierender Vorkommnisse, wie sie viele unbegleitete minderjährige Flüchtlinge erleben müssen. Der Arzt und Psychoanalytiker Keilson spricht von sequenzieller Traumatisierung. Er unterscheidet zwischen

- prämigratorischen Ereignissen (z. B. Kriegserlebnisse, Verfolgung, Hunger),
- fluchtspezifischen Erfahrungen (z. B. Angst auslösende Erlebnisse, Dauer der Flucht, allein oder begleitet, Misshandlungen) sowie
- postmigratorischen Faktoren (z. B. Trennung von Bezugspersonen, Erleben von Diskriminierung, ein unklarer Aufenthaltsstatus, unsichere Zukunftsperspektiven).

Durch diese Sichtweise, die postmigratorische Aspekte als Ursache für Traumatisierungsprozesse einbezieht, rücken die Aufnahmebedingungen und die Lebenssituation im Zufluchtsland mit in den Fokus. Auf diese Umstände kann Einfluss genommen werden. Gute Bedingungen können zu einer positiven psychosozialen Entwicklung der unbegleiteten minderjährigen Flüchtlinge beitragen (Hargasser 2014). So ist beispielsweise aus dem Kontext der Heimerziehung bekannt, wie bedeutsam ein erfolgreicher Bindungsprozess zu einer Bezugsperson für eine gelingende Entwicklung ist (Esser/Knab 2012). Analog lässt sich schlussfolgern, dass ein Bezugsbetreuersystem im Umgang mit unbegleiteten minderjährigen Flüchtlingen umgesetzt werden sollte oder gut begleitete und frühzeitig eingerichtete Patenschaften sinnvoll sein können. Ehrenamtliche Helfer können durch den Aufbau persönlicher Beziehungen zur Überwindung seelisch belastendender Probleme der Vergangenheit wie Gegenwart beitragen (Han-Broich 2014).

Auswirkungen von Traumata

„Die Menschen, die hier herkommen, haben Dinge erlebt, die sich in ihre Seelen eingebrannt haben." (Deiß 2015)

Im Kontext von Traumata wird von Extremstress, tiefgreifender Verunsicherung, „Einfrieren", Entwurzelung, verletzten Seelen oder Schockzustand gesprochen — was die Dramatik für die Betroffenen verdeutlicht.

Die Auswirkungen traumatischer Erlebnisse sind vielfältig und können an dieser Stelle nur angerissen werden. Als wohl bekannteste Folge von traumatisierenden Ereignissen sind Posttraumatische Belastungsstörungen zu nennen, die in einem Wiedererleben der Ereignisse, in Übererregbarkeit und Vermeidungsverhalten ihren Ausdruck finden (Schulz 2015). Von posttraumatischen Belastungsstörungen spricht man, wenn die Beschwerden länger als vier Wochen anhalten (Yurtseven 2009). Traumatische Erlebnisse können sich unmittelbar auswirken, zumeist treten sie aber in den Wochen danach und z. T. auch erst Jahre später auf, wenn die Betroffenen zur Ruhe kommen und das Erlebte ins Bewusstsein eindringt. Somit werden die Folgen vielfach in den Einrichtungen, die die unbegleiteten minderjährigen Flüchtlinge aufnehmen, zu Tage treten.

Bei unbegleiteten minderjährigen Flüchtlingen kann es aufgrund der belastenden Erfahrungen auf verschiedenen Ebenen zu Reaktionen kommen. In ihren Gedanken, Gefühlen und Verhaltensweisen werden sich Traumata ausdrücken. Es zeigen sich auf der Ebene der Gefühle z. B. Traurigkeit, Angst, Schuld, Leere, emotionale Taubheit, Lustlosigkeit. Körperlich können etwa Übelkeit, Atemlosigkeit, Zittern, Engegefühle oder Müdigkeit auftreten. Auf der gedanklichen Ebene sind Konzentrationsschwierigkeiten, Grübeln, Verwirrung u. Ä. festzustellen. Im Verhalten sind z. B. Ausprägungen wie Aggressivität, Antriebsarmut, Schreckhaftigkeit auszumachen. Bei verfestigten traumatischen Ereignissen besteht die Gefahr, dass sich neben der Grunderkrankung in der Folge noch weitere Ausprägungen wie Suchtmittelmissbrauch, Depressionen oder Persönlichkeitsstörungen entwickeln (Schulz 2015). Auch können aus Opfern Täter werden. Kinder und Jugendliche mit derartigen Erfahrungen sind gefährdet, später selbst Täter zu werden. Dies ist aus anderen Forschungen, etwa bei (sexuellen) Gewalterfahrungen mit Traumatisierungsfolgen, bekannt (Reisdorf 2011; Hauschild 2015). Mitgedacht werden sollte zudem, dass der eine oder andere junge Flüchtling bereits zum Täter geworden ist, etwa weil er zum Einsatz als Kindersoldat gezwungen wurde.

Sekundäre Traumatisierungen

Von sekundären oder indirekten Traumatisierungen spricht man, wenn Bezugspersonen/Fachkräfte in Folge ihres Kontaktes mit traumatisierten Menschen selber Traumata entwickeln. Insbesondere sehr empathische Menschen sind gefährdet. Sie versetzen sich so sehr in die Lage und die Gefühle der Betroffenen, dass sie den emotionalen Abstand nicht mehr wahren können, was sich in psychosozialen Reaktionen niederschlägt. Eine zusätzliche potenzielle Gefährdung besteht im (Wieder)Aufbrechen eigener unverarbeiteter traumatischer Erlebnisse.

Somit gilt es, einen gewissen Selbstschutz zu entwickeln z. B. durch kritische Selbstreflexion etwa in kollegialen Gesprächen oder im Rahmen einer Supervision verbunden mit ausreichend Auszeiten und Vermeidung von Überlastungen. Aufgabe der jeweiligen Leitungen ist es, die Gefährdung der Fachkräfte im Blick zu haben und für ein möglichst gutes Setting zu sorgen (Sänger/Udolf 2012).

Schutzfaktoren gegen Traumata

„Positiv denken heißt: Beim Schweizer Käse auf den Käse und nicht auf die Löcher zu achten." (Claudius Hennig)

Angesichts der hohen Wahrscheinlichkeit von Traumatisierungen bei unbegleiteten minderjährigen Flüchtlingen ist ein sensibles und achtsames Verhalten der Fachkräfte notwendig. Andererseits ist nicht jeder unbegleitete minderjährige Flüchtling traumatisiert, nicht jedes auffällige Verhalten ist mit traumatischen Ereignissen zu erklären, nicht jede problematische Erfahrung hat schwerwiegende Folgen und nicht jeder Jugendliche ist behandlungsbedürftig oder will behandelt werden. Zudem besteht die Gefahr, durch negative Zuschreibungen den kompetent handelnden aktiven Menschen mit vielfältigen Ressourcen nicht ausreichend wahrzunehmen (Hargasser 2014). Aufgrund einer Auswertung vorliegender, zumeist europäischer Studien, wird von ca. 50 % betroffener unbegleiteter minderjähriger Flüchtlinge ausgegangen, die sich resilient zeigen (Witt et al. 2015). Unter Resilienz wird die psychische Widerstandsfähigkeit des Menschen verstanden, die es ermöglicht, auch schwierige Lebenssituationen ohne anhaltende Beeinträchtigungen zu überstehen.

Hargasser fasst die Forschungsergebnisse zur Resilienz zusammen und benennt Faktoren, die protektiv wirken, also schädliche Folgen mindern oder nicht auftreten lassen. Dazu zählen u. a.

- eine gewisse persönliche Disposition (wie z. B. ein positives Wertgefühl, persönlicher Stolz, Reaktionsflexibilität bei auftretenden Ereignissen),
- eine erfolgreiche Bewältigung vergangener schwieriger Situationen,
- die Rolle der Familie (Erfahrungen von Zusammenhalt und Anpassungsfähigkeit, Unterstützung durch die Eltern),
- starke Glaubenssysteme,
- gesellschaftliche Offenheit für Vielfalt.

Weitere Resilienzfaktoren, auf die die Fachkräfte bei unbegleiteten Minderjährigen Einfluss haben, sind:

- ein großes Maß an sozialer Unterstützung (z. B. Freunde, Bezugspersonen),
- ein hilfreiches Milieu mit Informations-, Orientierungs- und Verarbeitungshilfen,
- wohlwollende Annahme,
- eine schnelle Wiederherstellung einer Alltagsstruktur (Freizeitangebote, Schulbesuch),
- auch Vermeidung und Ablenkung kommen als Bewältigungsstrategie infrage (Hargasser 2014).

Therapie

„Der Mensch ist die Medizin des Menschen."
(afrikanisches Sprichwort)

Bei länger andauernden Anzeichen für eine traumatische Belastung ist eine Therapie sinnvoll, jedoch oft nur schwer umsetzbar. Die sprachliche Schwelle kann ein Problem darstellen, weil nur wenige freiberufliche Therapeuten einen Migrationshintergrund haben oder mehrsprachig sind. Zudem sind viele Therapeuten nicht ausreichend kompetent bzw. unerfahren im Umgang mit traumatisierten Flüchtlingen (Dusold 2015). Insbesondere für die in ländlichen Regionen untergebrachten unbegleiteten minderjährigen Flüchtlinge fehlen Anlaufstellen. Die Traumazentren in den größeren deutschen Städten haben zwar fremdsprachige Therapeuten oder Dolmetscher, aber die Kapazitäten sind begrenzt. Zwar ist längst nicht jeder Behandlungsbedürftige zu einer Therapie in der Lage oder bereit, doch ist bundesweit ein eklatanter Mangel an Therapieplätzen offensichtlich (BPtK 2015).

Umgang mit Tod, Trauer und Trennung

„Damit Freude einen Platz im Leben finden kann, braucht die Trauer einen Ort." (Psychosoziales Zentrum Düsseldorf 2009, 20)

Erstaunlicherweise finden sich bei der Literaturrecherche im Kontext der Unterstützung und Betreuung junger Flüchtlinge keine Hinweise, wie mit den Erlebnissen von Tod, Trauer und Trennung und den Gedanken an den Verlust und/oder Tod in Bezug auf die zurückgebliebene Familie umgegangen werden könnte. Sowohl wissenschaftliche Berichte als auch Schilderungen aus der Praxis fehlen, sei es auch nur der Hinweis von Fachkräften, dass in diesem Bereich Unterstützungsbedarf besteht.

Über die Gründe lassen sich nur Mutmaßungen anstellen: Vielleicht ist dies durch Vermeidungsverhalten begründet? Vielleicht wird der Problemkomplex in einen therapeutischen Kontext verschoben oder es wird auf eine zukünftige Therapie gehofft? Vielleicht sind die Jugendlichen (insbesondere in der Anfangszeit) nicht bereit, über die belastenden Erfahrungen zu sprechen? Vielleicht fehlt es schlicht an Kommunikationsmöglichkeiten angesichts der sprachlichen Differenzen, die gerade das Ausdrücken von Gefühlen erheblich verkomplizieren?

Ein Austausch zu diesen Erlebnissen über Dolmetscher scheint kaum möglich. Eine Antwort auf die Fragen steht aus, doch es liegt auf der Hand, dass sie im Kontext von Tod, Trauer und Trennung ihren Raum finden müssen. Fortbildungen speziell für den Umgang in Bezug auf Flüchtlinge gibt es (noch) nicht, aber es sollte innerhalb der Einrichtungen und Teams eine Tabuisierung vermieden werden und ein Austausch stattfinden; sinnvoll wäre auch eine Thematisierung im Rahmen von Supervisionen. Vielleicht lassen sich einige Aspekte aus anderen Zusammenhängen übernehmen: So gibt es beispielsweise Informationen für Schulen, in denen der Versuch gemacht wird, für den Umgang mit Tod und Trauer Konzepte zu entwickeln. Die Ratgeber sind jedoch speziell auf diesen Kontext zugeschnitten und daher allenfalls als Anregung verwendbar (Bischöfliches Ordinariat der Diözese Rottenburg-Stuttgart 2015).

Es geht nicht nur um die unbegleiteten minderjährigen Flüchtlinge mit ihren eigenen Erfahrungen von Tod, schrecklichen Fluchterlebnissen und dem Trennungsschmerz, sondern auch um die Zurückgebliebenen, die versterben, während das Kind sich in Deutschland aufhält. Wie kann der Tod von Familienangehörigen und Verwandten in den Herkunftsländern verarbeitet werden? Einen möglichen Weg hat das Psychosoziale Zentrum für Flüchtlinge Düsseldorf beschritten. Es wurde ein interreligiöser Trauerort für Migranten und Migrantinnen geschaffen, um ihnen die Möglichkeit des Abschiednehmens zu geben (Psychosoziales Zentrum Düsseldorf 2009).

(Junge) Flüchtlinge benötigen private und öffentliche Räume, in denen Trauerprozesse ihren Platz haben und einen Ansprechpartner, der ggf. den Trauerprozess begleiten kann. Wichtig ist an dieser Stelle auch der Hinweis, dass es zu belastenden Schuldgefühlen kommen kann, wenn zurückgebliebene Angehörige gewaltsam zu

Tode kommen, während der unbegleitete Minderjährige in Sicherheit ist.

Im Kapitel Traumata wurde die Relevanz traumatischer Erfahrungen aufgezeigt. Zusammenfassend sollen in Kurzform einige Hinweise und Denkanstöße wie mögliche Handlungsweisen für die Fachkraft aufgezeigt werden.

TIPPS FÜR DIE FACHKRAFT

- Nötig ist eine Grundhaltung, die das Wissen und die Folgen von erlebten Traumatisierungen auf die Biografie der jungen minderjährigen Flüchtlinge berücksichtigt, dabei aber auf Generalsierungen verzichtet, weil nicht jeder Flüchtling traumatisiert ist und nicht jede Traumatisierungserfahrung ein Trauma zur Folge hat (AFET et al. 2014).
- Für viele junge Flüchtlinge ist es gerade am Anfang eine Überforderung, sich an die Details der erlebten Traumata zu erinnern; viele möchten oder können nicht darüber sprechen. Dies ist zu akzeptieren. Ein offenes Ohr? – Ja! „Bohrende" Nachfragen sollten aber unterbleiben.
- Der Jugendliche kann selber entscheiden, ob, wann und mit wem er ggf. über seine Geschichte spricht. Falls von traumatisierenden Erfahrungen erzählt wird, sollten die Informationen nicht ohne Einverständnis weitergetragen werden.
- Auswirkungen von Traumata zeigen sich oft spontan. Sie äußern sich z. B. in (Auto)Aggressionen oder Affektivitätsstörungen (z. B. Depression). Auf das erlebte Unnormale kann keine „normale" Reaktion erfolgen. Aufgabe der Fachkraft ist es, sich entsprechend auf (z. T.) unvorhersehbare, problematische Verhaltensweisen einzustellen.
- Auch körperliche Reaktionen können Zeichen für Trauma sein. Häufig wird von Kopfschmerzen berichtet, auch Magen-Darm-Erkrankungen, allergische Reaktionen oder Rückenschmerzen können Ausdruck von erfahrenen Traumata sein. Bei Frauen kommen gynäkologische Beschwerdebilder hinzu.

- Ein umfassendes Wiedererleben von traumatisierenden Situationen wird als „Flashback" bezeichnet. Flashbacks können durch Reize (Trigger) ausgelöst werden, die mit den traumatischen Ereignissen verknüpft sind. Diese Trigger sind schwer vorhersehbar, weil sie sich auf sämtliche Wahrnehmungskanäle beziehen können (z. B. Bilder, Geräusche, Berührungen, Gerüche) (Schulz 2015).
- Es kann zu Retraumatisierungen etwa durch Abschiebung von Freunden oder aufgrund rassistischer Gewalt kommen.
- Nicht das Trauma sollte von der Fachkraft in den Mittelpunkt gerückt werden, sondern die Resilienzfaktoren und Ressourcen des Jugendlichen. Die Veränderungschancen aufgrund des vergleichsweise geringen Alters sowie die aktiven Verarbeitungsmöglichkeiten aufgrund neuer Einflüsse und Erfahrungen sind zu berücksichtigen.
- Es gilt, zu einem positiven Selbstbild beizutragen. Selbstwertgefühl, Selbstbewusstsein und Selbsteffizienzerfahrungen müssen (wieder) aufgebaut bzw. gestärkt werden. Dabei ist eine grundsätzlich wertschätzende Haltung geboten.
- Die Grenzen zwischen sozialpädagogischer und psychotherapeutischer Arbeit sind oft fließend. Daher wäre eine „Nicht-Zuständigkeits-Erklärung" der Pädagogik nicht vertretbar, und eine Weiterleitung an (vermeintlich bessere) therapeutische Settings ist nicht zwingend nötig. Bei unbegleiteten minderjährigen Flüchtlingen kommt hinzu, dass therapeutische Maßnahmen nur begrenzt in Anspruch genommen werden können (z. B. aufgrund fehlender finanzieller Möglichkeiten, nicht vorhandener Angebote oder mangels Sprachkenntnissen).
- Sicherheit geben, einen schützenden Rahmen bieten, Normalität herstellen, Zuhören – das sind Aufgaben von Fachkräften der Kinder- und Jugendhilfe, die mit (traumatisierten) unbegleiteten minderjährigen Jugendlichen arbeiten.
- Verlässliche Regeln und Absprachen sind hilfreich. Sie geben Halt und Orientierung.
- Eine Aufarbeitung der traumatischen Erlebnisse sollte möglichst in der Muttersprache erfolgen, da der Ausdruck von Ge-

fühlen und Empfindungen in einer Fremdsprache besonders schwer fällt.
- Die Bewältigung von Traumata benötigt Zeit. Traumata können eine schnelle gesellschaftliche Integration behindern oder verhindern.
- Fachkräfte sollten ihre Grenzen kennen: Schwer traumatisierte junge Flüchtlinge sollten – sofern die Rahmenbedingungen dies ermöglichen – unbedingt durch erfahrenes und speziell ausgebildetes Personal betreut und behandelt werden.

Die „**Standards für traumapädagogische Konzepte in der stationären Kinder- und Jugendhilfe**" *(www.bag-traumapaedagogik.de/index.php/standards.html, 18.04.2016) der Bundesarbeitsgemeinschaft Traumapädagogik sind sehr praxisnah verfasst. Sie geben der Fachkraft auf 20 Seiten Orientierung, beschreiben, worauf zu achten ist und welche Handlungsoptionen bestehen.*

- *Lang, B., Schirmer, C., Lang, T., de Hair, I. A., Wahle, T., Bausum, J., Weiß, W., Schmid, M. (Hrsg.) (2013): Traumapädagogische Standards in der stationären Kinder- und Jugendhilfe: Eine Praxis- und Orientierungshilfe der BAG Traumapädagogik. Beltz, Juventa, Weinheim und Basel*
- *Fegert, J. M. (Hrsg.) (2010): Traumatisierte Kinder und Jugendliche in Deutschland. Analysen und Empfehlungen zu Versorgung und Betreuung. Juventa Verlag, Weinheim*
- *Weeber, V. M., Goegercin, S. (2014): Traumatisierte minderjährige Flüchtlinge in der Jugendhilfe – Ein interkulturell- und ressourcenorientiertes Handlungsmodell., Springer. Centaurus Verlag, Freiburg im Breisgau*

Die Bundesweite **Arbeitsgemeinschaft der Psychosozialen Zentren für Flüchtlinge und Folteropfer e. V.** *(BAfF) (www.baff-zentren.org, 18.04.2016) ist der Dachverband der Behandlungszentren für Opfer von Menschenrechtsverletzungen und politischer Verfolgung. In der Arbeitsgemeinschaft sind psychosoziale Behandlungszentren, Initia-*

tiven und Einrichtungen für die medizinische, psychotherapeutische und psychosoziale Versorgung und Rehabilitation von Opfern von Folter und anderen schweren Menschenrechtsverletzungen vernetzt.

- *Eine **Übersicht über Traumaberatungsstellen** in Deutschland gibt eine Projektkarte von „Willkommen bei Freunden" (www.willkommen-bei-freunden.de, 18.04.2016). Dort finden sich im Übrigen auch andere nützliche Hinweise auf Organisationen, die mit oder für Flüchtlinge tätig sind.*

- *Auch die Deutschsprachige Gesellschaft für Psychotraumatologie (DeGPT) (www.degpt.de, 18.04.2016) bietet neben Informationen und Fortbildungshinweisen auf ihrer Homepage* **Hilfe bei der Therapeutensuche**.

6.3 Spezifische Sozialisationsbedingungen

Die nachfolgenden Passagen befassen sich mit Hintergrundinformationen zur Sozialisation, die für das Verständnis von Verhaltens- und Denkweisen der unbegleiteten minderjährigen Flüchtlinge wichtig sind und Rückschlüsse auf die Arbeit der Fachkräfte ermöglichen. Denn für ein Verständnis von Vorstellungen, Verhaltensweisen und Reaktionsmustern der Jugendlichen ist es von erheblicher Bedeutung, sich auch mit den Sozialisationsbedingungen zu befassen, unter denen die unbegleiteten minderjährigen Flüchtlinge aufgewachsen sind.

Gewalterfahrungen der minderjährigen Flüchtlinge

UNICEF hat in einer Studie festgestellt, dass sich gewaltfreie Erziehung in den meisten Ländern der Welt noch nicht durchgesetzt hat. Es wurden Angaben der Eltern über Gewaltausübung innerhalb des letzten Monats gegenüber ihren Kindern im Alter von 2 bis 14 Jahren erfragt. Die Ergebnisse sind erschreckend. Schwere körperliche Gewalt müssen 17 % der Kinder in 58 Ländern regelmäßig erdulden, in einigen Ländern sogar bis zu 40 %. In Syrien beispielsweise erleben 78 % der Kinder körperliche Gewalt, von denen wiederum 24 % schwere körperliche Gewalt durchmachen müssen. Ähnlich erschreckende Zahlen finden sich in anderen Ländern des arabischen Raums (z. B. in Ägypten, Algerien, Marokko, Tunesien, Palästina). In den meisten untersuchten afrikanischen Ländern sieht es nicht anders aus, und auch für Afghanistan liegen ähnliche Werte vor (UNICEF 2014).

Eine von Gewalt dominierte Erziehung führt oft zu eigenem gewalttägigem Verhalten (Pfeiffer/Wetzels 2000), was durch gravierende (Kriegs)Ereignisse im Heimatland oder negative Erfahrungen während der Flucht sowie die oft schwierigen Rahmenbedingungen im Aufnahmeland noch verstärkt werden kann.

Die Relevanz von Gewalterfahrungen auf die Entwicklung von Kindern und Jugendlichen ist evident. Das Wissen über diese Erziehungspraktiken, die die Mehrzahl der unbegleiteten Flüchtlinge erlebt haben dürfte, ist bedeutsam, um Verhaltensweisen wie beispielsweise Aggression oder Autoaggression nachvollziehen zu können. Schließlich sind die jungen Flüchtlinge mitgeprägt durch die Erziehung, die sie in ihren Familien erfahren haben. Entsprechend ist vielfach von einem ähnlichen Rollenverständnis, (religiösen) Sichtweisen und Erziehungsvorstellungen auszugehen. Neue Rollenmuster sind erst (kennen) zu lernen und zu entwickeln. Gewalterfahrungen innerhalb der Herkunftsfamilien können auch eine Ursache für Traumatisierungen sein.

Zur Erinnerung: Erst im Jahr 2000 wurde in Deutschland gegen den Widerstand weiter Teile von Politik, Kirchen und Gesellschaft im Bürgerlichen Gesetzbuch im § 1631 verankert, dass Kinder gewaltfrei zu erziehen sind. Körperliche Bestrafungen, seelische Verletzungen und andere entwürdigende Maßnahmen sind seitdem unzulässig.

Erziehungsvorstellungen

Die (vorherrschenden) Erziehungsmuster in den Herkunftsländern der unbegleiteten minderjährigen Flüchtlinge entsprechen in keinster Weise den (vorherrschenden) Vorstellungen von Erziehung in Deutschland. Auch die patriarchalen Verhältnisse in den Familien und die jeweiligen damit verbundenen Rollenzuschreibungen widersprechen den Erziehungsvorstellungen, die in Deutschland üblicherweise vertreten werden. (Weitgehende) Individualisierung, Autonomie, Partizipation, individuelles Glück, Gleichberechtigung, freie Religionswahl, sexuelle Selbstbestimmung, Partizipation u.a.m. sind (zumindest postulierte) Ziele der meisten Erziehenden in Deutschland. Dem steht ein Denken in vielen Herkunftsländern der unbegleiteten minderjährigen Flüchtlinge gegenüber, welches diese Lebensentwürfe weniger positiv sieht, sondern andere Werte vertritt:

- ein kollektives Familienverständnis,
- patriarchale Entscheidungsstrukturen,
- klare Rollenverteilung zwischen Jungen und Mädchen sowie zwischen Mann und Frau, sowohl innerhalb der Familie als auch innerhalb der Gesellschaft,
- Gehorsamkeitserwartungen,
- Disziplin,
- Respekt,
- Verlagerung von Sexualität in die Ehe,
- oft eine starke religiöse Anbindung und Erziehung u. a. m. (Toprak 2010; Toprak/Nowacki 2010; Alhussein 2010).

___ TIPPS FÜR DIE FACHKRAFT

– Für ein gutes Verhältnis von Fachkraft zum Jugendlichen kann es nützlich sein, die jungen Flüchtlinge zu ermuntern, über ihre Religion, Kultur und Erziehung zu erzählen. Auch der Vergleich von Erziehungsstilen, Wertorientierungen und Gewohnheiten ist oft ergiebig und hilfreich, um Unterschiede sichtbar zu machen oder auch um Gemeinsamkeiten oder

Ähnlichkeiten zu entdecken. Etwas zu (er)fragen kann helfen, mit Unsicherheiten umzugehen.
- Für Fachkräfte ist es wichtig, die Rollenmuster, die Verhaltensweisen und die Wertvorstellungen der Jugendlichen verstehen zu lernen. Ein Beispiel: Der Blick nach unten ist in muslimischen Kulturkreisen eine Geste des Respekts, wodurch beispielsweise dem Vater oder Lehrer Unterordnung bezeugt wird. Der Blick in die Augen, also nach unserem Verständnis ein gewünschter Blick „auf Augenhöhe", wird hingegen als unangemessen angesehen (Toprak/Nowacki 2010).
- Dass Aushandlungsprozesse möglich und sogar gewünscht sind, muss ebenso wie Partizipation von vielen jungen Flüchtlingen erst gelernt werden.
- Durch die verschiedenen Wertorientierungen können auch unterschiedliche Vorstellungen von „Helfen" und Erwartungen an die Helfenden einhergehen. Der Helfende hat in einer eher kollektivistisch ausgerichteten Gesellschaft eine deutlich aktivere Rolle. Das Verständnis von „Hilfe zur Selbsthilfe" stößt leicht auf Unverständnis (Markert et al. 2015).

Patriarchale Strukturen in den Herkunftsländern

Die Auswirkungen vorherrschender patriarchaler Erziehungs-, Glaubens- und Rollenmuster in den meisten Herkunftsländern der jungen Flüchtlinge auf das Verhältnis zu den weiblichen Fachkräften in den Einrichtungen und in Bezug auf die Integration in Deutschland werden in Fachkreisen und der Wissenschaft kaum thematisiert. Entweder gibt es diesbezüglich keine Problemanzeigen oder die Augen werden davor verschlossen. Ersteres wäre angesichts der Sozialisation der überwiegend männlichen, adoleszenten Flüchtlinge verwunderlich, Letzteres unangebracht.

„Es (gibt) vereinzelt Unterschiede im Umgang mit uns als Frauen, die kulturell zu erklären sind. Größere Probleme bereitet uns die Genderfrage allerdings nicht. Wir können damit umgehen." (Bertold/Serdani in Gravelmann 2015a, 19)

Und Breithecker (2011) sieht umgekehrt für die überwiegend männlichen Jugendlichen keine größeren Probleme im Umgang mit weiblichen Lehrkräften. Gegebenenfalls bestehende geschlechterspezifische Auswirkungen auf pädagogische Verhältnisse sind zu thematisieren. In der Bevölkerung werden das vorherrschende Rollenverständnis der männlichen Flüchtlinge und sexuelle Übergriffe durchaus in Verbindung zur Herkunftskultur gebracht und diskutiert.

TIPPS FÜR DIE FACHKRAFT

- Ein Großteil der Fachkräfte in der Kinder- und Jugendhilfe ist weiblichen Geschlechts. Es ist notwendig, bei aufkommenden Problemen in Bezug auf Männer-Frauen-Rollen in Teamsitzungen oder bei Supervisionen offensiv damit umzugehen. Dies zeugt nicht von Schwäche, sondern von Stärke.
- Geschlechterspezifische Aspekte sollten auch bei der Vermittlung von Werten und Normen präsent sein.
- Vermeintlich Selbstverständliches ist auch in diesem Kontext nicht selbstverständlich. So zeigte sich beispielsweise ein syrischer Flüchtling verwundert darüber, dass Frauen in Deutschland Fahrrad fahren (dürfen).
- Die spezifischen Erfahrungen und die Belange von weiblichen jungen Flüchtlingen sollten stärker Berücksichtigung finden. In der Fachliteratur – auch in diesem Buch – findet ihre besondere Situation kaum Beachtung, was vermutlich mitbedingt ist durch die geringe Zuwanderungszahl und die häufige Unterbringung bei Verwandten.
- Genderspezifische Sichtweisen und Erfordernisse dürfen seitens der Fachkraft im Alltag nicht vernachlässigt werden, sondern erfordern jeweils einen besonderen Blick und Zugang.
- Insbesondere geschlechterspezifische Benachteiligung und Ausbeutung sollten dringend Beachtung finden.

Spezifische pädagogische Herausforderungen

> **BEISPIELE**
>
> **Schweigen**
> Junge Frauen aus Nigeria, die z. B. missbraucht oder zur Prostitution gezwungen werden, werden von ihren Peinigern mithilfe des Ju-Ju-Rituals zum Schweigen gebracht. Wenn sie mit jemanden über ihre Situation sprechen, wird ihnen bzw. ihren Familienmitglieder Krankheit oder Tod prognostiziert (Wagner 2013).
>
> **Zwangsheirat und Kinderehen**
> Ein 13-jähriges Flüchtlingskind gibt an, mit einem 36-jährigen Mann verheiratet zu sein. Die Heirat ist nach dem Gesetz der Scharia erfolgt. Das junge Mädchen will nicht in Obhut bleiben, sondern zu dem Mann ziehen. Die Fragen im Zusammenhang mit jungen (zwangs)verheirateten Mädchen/Kinderbräuten spielen eine zunehmende Rolle (Brech 2015).
>
> Im Jahr 2016 wurde eine Bund-Länder-Arbeitsgruppe unter Führung des Justizministers eingesetzt, um eine veränderte Gesetzeslage in Bezug auf Kinderehen herbeizuführen (Reimann 2016).

Wie können/müssen die Kinder- und Jugendhilfe und die Justiz darauf reagieren?

Rolle der (abwesenden) Familien

Auch unbegleitete minderjährige Flüchtlinge haben Familien. Diese sind zwar nicht vor Ort, aber in den Köpfen der Jugendlichen. Eine klassische Familienarbeit kann seitens der Fachkräfte nicht stattfinden, dennoch sollten die Herkunftsfamilie und ihr (fortwährender) Einfluss nicht außer Acht gelassen werden. Die Familie spielt für das Leben des jungen Flüchtlings in Deutschland eine nicht zu unterschätzende Rolle, zumal durch moderne Kommunikationsmittel oft noch eine Verbindung zur Familie oder Teilen der Familie im Herkunftsland gewährleistet ist.

Die Familie spielt eine zentrale Rolle. Sie ist die wichtigste soziale Einheit. Wechselseitige Abhängigkeiten bestimmen das Familienleben. Entscheidungen werden daher immer in ihren (Aus)Wirkungen auf die Familie getroffen, der Einzelne ist stets abhängiges Mitglied. Die Treue zur Familie ist ein Grundwert, der den Zusammenhalt und damit das Überleben als soziale Einheit sicherstellt. Die Bedürfnisse der Familie stehen meist über individuellen Ansprüchen und Vorstellungen (Toprak 2010; Alhussein 2010). So ist anzunehmen, dass auch die Entscheidung zur Flucht in den meisten Fällen im Familienkreis bzw. durch den Patriarchen der Familie getroffen wurde. Oft werden mit der Flucht Erwartungen an den Jugendlichen geknüpft (z. B. eine finanzielle Unterstützung der zurückgebliebenen Familie).

TIPPS FÜR DIE FACHKRAFT

- Die Fachkraft hat die zentrale Rolle der nicht anwesenden (und dennoch stets präsenten) Familie bei allen Gesprächen, beim Unterbreiten von Hilfeangeboten und bei anstehenden Entscheidungen mitzudenken. Im Rahmen eines Fachgesprächs der Diakonie Deutschland zur Aufnahme unbegleiteter Flüchtlingsjugendlicher in Pflegefamilien wurde z. B. darauf hingewiesen, dass die Fachkräfte gemeinsam mit dem Jugendlichen seine Wünsche und Vorstellungen abklären sollten, aber zusätzlich ein Gespräch des Jugendlichen mit seiner Herkunftsfamilie sinnvoll ist, um deren Einverständnis einzuholen. Es gibt z. B. Ängste bezüglich einer Entfremdung von der Herkunftsfamilie oder religiöse Vorbehalte bezüglich einer Unterbringung in einer christlichen Familie.
- Neben der Familie spielt die Community aus dem jeweiligen Herkunftsland eine bedeutende Rolle. Sie wirkt auch in Deutschland auf die unbegleiteten minderjährigen Flüchtlinge ein, etwa indem ein Onkel oder ein Vertrauter die Rolle der Eltern übernimmt (Müller 2016).

- Die Fachkraft sollte sich immer wieder bewusst machen, dass das Leben in einer hochkomplexen und individualisierten Welt in Deutschland einerseits und die Priorisierung der Familien in den Herkunftsländern andererseits sehr unterschiedliche Lebensentwürfe darstellen. Diese Diskrepanz ist neben den ohnehin zu erbringenden Anpassungsleistungen eine zusätzlich zu bewältigende Aufgabe für den jungen Flüchtling.

Religiöse Verankerung

In vielen Herkunftsländern spielt die Religion eine zentrale Rolle im Leben der Menschen. Daher haben viele unbegleitete minderjährige Flüchtlinge eine religiöse Erziehung erfahren und bringen diese Anbindung an die (oft islamische) Religion mit nach Deutschland.

TIPP FÜR DIE FACHKRAFT

Die Überzeugungen sind selbstverständlich zu achten und wertzuschätzen. Der Jugendliche sollte daher entsprechenden Raum finden können, über seine Religion zu sprechen und sie leben zu können (Bayerisches Staatsministerium 2015).

Um zu einem gelingenden religiösen Dialog über die kulturellen Grenzen hinweg beizutragen, hat das Rauhe Haus Hamburg 2015 eine Broschüre von Kösterke et al. herausgegeben. In der Veröffentlichung **„Lebenswelt entdecken. Religions- und kultursensibel arbeiten in der Jugendhilfe"** *(www.rauheshaus.de/fileadmin/user_upload/downloads/ Rauheshaus/KJH_RKS-Broschuere.pdf, 18.04.2016) wird insbesondere auch auf die religiöse Verankerung als resilienzfördernden Faktor verwiesen.*

6.4 Gefährdungen des Kindeswohls

„Erst das Wissen um Blindheit macht sehend."
(Heinz von Förster)

Im Folgenden soll auf einige spezifische Kindeswohlgefährdungsbereiche hingewiesen werden.

Im Gesetzentwurf zur Umsetzung der EU-Menschenhandelsrichtlinie (Stand 16.12.2015) ist eine Verpflichtung zur Sensibilisierung aller mit minderjährigen unbegleiteten Flüchtlingen befassten Personen enthalten, einen möglichen Menschenhandelshintergrund in der konkreten Arbeit zu berücksichtigen, etwa wenn Jugendliche straffällig werden. Zudem sollen der Straftatbestand zu Menschenhandel ausgeweitet und das Schutzalter der Minderjährigen von 14 auf 18 Jahre angehoben werden (Schwarz 2015). Im Kontext der Aufnahme unbegleiteter minderjähriger Flüchtlinge sind im Bereich des Kinderschutzes jedoch noch etliche Fragen klärungsbedürftig:

- Auf welcher Grundlage soll eine Entscheidung für oder gegen eine Unterbringung bei Bekannten und Verwandten oder (vermeintlichen) Ehemännern erfolgen? Wie können in diesem Zusammenhang Kinderschutzfragen beantwortet werden? Wie lassen sich Prostitution, Missbrauch oder Ausbeutung verhindern?
- Ein erwachsener Flüchtling gibt an, er sei der Bruder eines jüngeren aufgenommenen Flüchtlings. Beide können keine Ausweispapiere vorlegen. Wie ist auszuschließen, dass es sich beispielsweise um einen Schlepper, einen Zuhälter oder ein Clanmitglied handelt, durch den der junge Flüchtling unter Druck gesetzt wurde?
- Insbesondere junge Frauen werden in familiären Zusammenhängen aufgenommen. Dieses ist vom Grundsatz zu begrüßen. Es stellt sich jedoch auch hier die Frage, wie das Kind/die Jugendliche etwa vor Missbrauch oder Ausbeutung geschützt werden kann. Sind regelmäßige Besuche durch pädagogische Fachkräfte gewährleistet?

- Wie kann bei der Kooperation mit Ehrenamtlichen sichergestellt werden, dass die Jugendlichen keinen Gefährdungen ausgesetzt sind? Einzelne Städte und die Einrichtungen der Erziehungshilfe verlangen Führungszeugnisse. Dies scheint ein sinnvoller Weg zu sein, auch wenn der bürokratische Aufwand nicht unerheblich ist und von den Ehrenamtlichen vielleicht als Misstrauen ausgelegt wird.
- Viele junge unbegleitete Minderjährige verlassen die Inobhutnahmeeinrichtungen mit unbekanntem Ziel. In der Regel wird davon ausgegangen, dass die Kinder und Jugendlichen freiwillig an einen anderen Ort oder in ein anderes Land weitergereist sind. Ist das der Fall? Wie oft sind Menschenhändler aktiv? Wie viele rutschen ab in gefährdende Milieus oder leben auf der Straße? Grundsätzlich besteht eine große Gefahr, dass unbegleitete minderjährige Kinder und Jugendliche in die Hände von Kriminellen geraten. Europol beklagt das spurlose Verschwinden tausender Jugendlicher in Europa. Es sei eine kriminelle Infrastruktur entstanden, weshalb die Bevölkerung zur Achtsamkeit aufgerufen wird. Auch in Deutschland steigen die Zahlen stark an. Anfang 2016 waren fast 5000 unbegleitete minderjährige Flüchtlinge als vermisst gemeldet, wobei dies oft nur kurze Zeit der Fall ist, z. T. auf statistischen Unklarheiten fußt und i.d.R. kein krimineller Hintergrund anzunehmen ist. Dennoch müssen unbegleitete Minderjährige als besonders gefährdet angesehen werden (FAZ.net 2016).

TIPPS FÜR DIE FACHKRAFT

- Die Fachkräfte sollten die Gefährdungslagen stets mitdenken. Die Fachkraft vor Ort befindet sich dabei auf unsicherem Terrain. Es wäre eine Überforderung, fachlich und juristisch ungeklärte Problemkonstellationen eigenständig beantworten zu wollen.
- Gerade in Verdachtsfällen oder bei einem „unguten" Gefühl sind Gespräche mit Kollegen, Fachkräften aus anderen Städ-

ten sowie Einrichtungs- und Jugendamtsleitungen unabdingbar. Ggf. ist die Polizei einzuschalten.
- Bei fehlenden Handlungsanweisungen bleibt nur die Option, sich rechtlich und fachlich so gut wie möglich abzusichern. Auf eine Dokumentation der Eindrücke, Gespräche bzw. Entscheidungen und Anordnungen ist Wert zu legen.
- Bei Zweifeln sollte auch juristischer Rat in Anspruch genommen werden.

Gefährdungen durch Salafisten

> *„Dreh dich zur Sonne und lass den Schatten hinter dir!"*
>
> *(aus Äthiopien)*

Salafistisches Gedankengut ist für einen Teil der jungen Menschen, insbesondere muslimischen Glaubens, zunehmend attraktiv geworden. Jugendliche — auch aus Deutschland — lassen sich für den sogenannten Islamischen Staat rekrutieren (bpb 2014).

Gespräche mit den Jugendlichen über Anwerbeversuche könnten angezeigt sein, geboten ist zudem eine erhöhte Aufmerksamkeit. Beim Einsatz von Ehrenamtlichen sollte die Gefährdung zumindest mitgedacht werden.

BEISPIEL

Anwerbeversuche des IS

In einer Einrichtung des Landes Hamburg hat es einen Beeinflussungsversuch durch radikale Islamisten gegeben, die sich als Kultur- und Sprachmittler beworben hatten (Herder/Riefenstahl 2015), in Frankfurt gab es in einer Unterkunft für unbegleitete minderjährige Flüchtlinge Kontaktanbahnungs- und Missionierungsbestrebungen (Scheh 2015).

Der NRW-Verfassungsschutz warnt vor den Gefahren der Anwerbeversuche von extremistischen Salafisten bei jungen Flüchtlingen.

♂ *Empfehlenswert ist in diesem Kontext die Broschüre* „**Salafistischen Extremismus erkennen**" *(www.mik.nrw.de/verfassungsschutz/aktuelles, 18.04.2016).*

Gefährdung durch Rechtsextremismus

Die Gefährdung der Flüchtlinge durch Rechtsextremisten ist real und stellt ein nicht zu unterschätzendes psychisches und physisches Gefahrenpotenzial dar. Oft geht es um Propagandadelikte und Sachbeschädigungen, aber auch die Zahl von Brandstiftungen und Körperverletzungen steigt deutlich. Im Internet grassieren zudem eine Vielzahl von Hassmails und Hasskommentaren, weshalb Kommentarfunktionen zu Artikeln zum Thema Flüchtlinge teilweise eingestellt wurden. Unter Umständen können sich Hassmails oder Übergriffe auch gegen Einrichtungen der Jugendhilfe oder gegen Fachkräfte richten.

In Bautzen gab es Auseinandersetzungen zwischen einer großen Gruppe von deutschen rechten und rechtsradikalen Jugendlichen und minderjährigen unbegleiteten Flüchtlingen (Reinhard 2016). In Rostock wurde eine Einrichtung junger Flüchtlinge wegen Gefährdung der Sicherheit aufgrund mehrerer Angriffe geschlossen und die Jugendlichen wurden verlegt (NDR.de 2016).

TIPPS FÜR DIE FACHKRAFT

– Fachkräfte sollten mit der Problematik von Diskriminierung, Rassismus und Fremdenfeindlichkeit offensiv umgehen. Die Jugendlichen erfahren ohnehin über die Medien von derartigen Vorkommnissen. Es ist jedoch wichtig, die Gefährdungslage nicht zu dramatisieren und in den Kontext einer grundsätzlichen Willkommenskultur zu stellen.

- Fachkräfte sollten sich bewusst sein, dass auch die jungen Flüchtlinge selbst rassistisch eingestellt sein können oder u. U. Gedankengut verfolgen, welches als problematisch einzuschätzen ist. So sind z. B. antisemitische Ressentiments bei jungen muslimischen Migranten und insbesondere Arabern deutlich häufiger verbreitet als bei deutschen Jugendlichen (Möller 2012).

6.5 Problematisches Verhalten junger Flüchtlinge

Zweifelsohne begehen auch unbegleitete minderjährige Flüchtlinge Straftaten, zumal es sich bei ihnen überwiegend um junge Männer handelt und männliche Jugendliche unabhängig von ihrer Nationalität deutlich häufiger straffällig werden als ihre weiblichen Altersgenossen (Schmölzer 2003).

Kleinere Delikte wie etwa Diebstähle oder Betrug lassen keine Verstetigung oder gar eine kriminelle Karriere erwarteten, es sind eher vorübergehende jugendtypische Delikte. Einige junge unbegleitete Flüchtlinge fallen jedoch wiederholt durch schwerere Straftaten (z. B. Körperverletzungen, Raubdelikte, Angriffe auf Polizisten) und große Respektlosigkeit auf (Trotier et al. 2015). Dies ist nicht erst seit dem erheblichen Anstieg der Zuwanderungszahlen von unbegleiteten minderjährigen Flüchtlingen feststellbar. Ein kleiner Prozentsatz besonders problematischer Jugendlicher beschäftigt Fachleute schon länger (AFET 2011).

Die Schlagzeilen „Polizei nimmt junge Flüchtlinge ins Visier" (Bild, 26.01.2016) oder „Gangster-Teenies: Hamburg total hilflos" (Hamburger Morgenpost, 20.01.2015) zeigen Wirkung in der Bevölkerung, bei Politikern, der Polizei oder Sozialarbeitern, auch wenn es dabei nur um 48 Intensivstraftäter unter 1800 unbegleiteten minderjährigen Flüchtlingen in Hamburg geht. „Wenn einige minderjährige unbegleitete Flüchtlinge schlecht sind, sind alle schlecht. Das spüren wir sofort", so der junge Flüchtling Khaleed (Trotier et al. 2015).

Bei den stark auffälligen unbegleiteten minderjährigen Flüchtlingen handelt es sich um Kinder und Jugendliche, die aufgrund migrations- und sozialisationsbedingter sowie kultur- und milieuspezifischer Rahmenbedingungen für pädagogische Prozesse nur sehr schwer zugänglich sind. Jugendhilfeeinrichtungen konnten sie nicht halten, viele haben Alkohol- und Suchtmittelprobleme und weisen manifeste Persönlichkeitsstörungen auf (Pressestelle des Senats Bremen 2014). Für diese Jugendlichen wurden spezialisierte Jugendhilfeeinrichtungen aufgebaut, wo sie eine intensivpädagogische Betreuung in einem eng gesteckten Rahmen unter Mitarbeit u. a. von Wachdiensten, Polizei und Justiz, aber auch Traumatherapeuten und der Kinder- und Jugendpsychiatrie erfahren (Woldin 2015; Müller, K.-D. 2014).

Auch junge Flüchtlinge mit ungünstigen individuellen Voraussetzungen (z. B. Analphabeten und bildungsferne junge Menschen) haben kaum Chancen auf eine gesellschaftliche Integration über Berufsausbildung oder Arbeitsaufnahme. Ihnen bleiben nur sehr begrenzt Möglichkeiten, eine tragfähige Perspektive für ein Leben in Deutschland aufzubauen. Diese chancenlosen Jugendlichen sind gefährdet, durch illegale oder halblegale Geschäfte ihren Lebensunterhalt zu bestreiten.

TIPPS FÜR DIE FACHKRAFT

- Die Jugendlichen müssen lernen, dass problematische Verhaltensweisen nur begrenzt bzw. gar nicht akzeptiert werden können und Konsequenzen zur Folge haben. Hier sind Durchsetzungsstärke und Stringenz im Handeln gefragt.
- Intensive sozialpädagogische Einzelbetreuung (§ 35 SGB VIII) könnte eine Option sein.
- Bei einigen der unbegleiteten minderjährigen Jugendlichen reicht eine pädagogische Einflussnahme nicht aus. In diesem Fällen sind z. B. jugendpsychiatrische Hilfen in Anspruch zu nehmen. Aber auch Polizeieinsätze oder justiziable Reaktionen haben ggf. zu erfolgen, wenn Pädagogik an ihre Grenzen stößt.

7 Herausforderung schulische und berufliche Integration

Zu einer gelingenden gesellschaftlichen Integration gehören ganz wesentlich eine erfolgreiche schulische Bildung und in der Folge eine Integration in den Arbeitsmarkt, da ein „Ausschluss vom Ausbildungs- und Arbeitsmarkt [...] bei Flüchtlingskindern und -jugendlichen zu Entwicklungsdefiziten, sozialer und materieller Verarmung, Isolation sowie allgemeiner Resignation führen [kann]. Ein Aufbau von Lebensperspektiven, Zuversicht sowie die Möglichkeit belastende Erlebnisse im Heimatland zu verarbeiten, werden dadurch verhindert. Folgen sind psychische und psychosomatische Erkrankungen oder — bei jugendlichen unbegleiteten Flüchtlingen, die ihre Familie in ihrer Heimat finanziell unterstützen — Schwarzarbeit bis hin zu kriminellem Gelderwerb" (Möller/Adam 2009, 89).

Arbeitsintegration ist somit ein Schlüsselfaktor für Integration. Die Hürden für die unbegleiteten minderjährigen Flüchtlinge sind jedoch sehr hoch, ebenso die Herausforderungen für Fachkräfte in Bezug auf (die begrenzten) Unterstützungsleistungen.

7.1 Schulische Bildung

„Ein Mensch ohne Bildung ist wie ein Baum ohne Frucht."
(afghanisches Sprichwort)

Nach dem verfassungsrechtlichen Grundsatz des Art. 7 Abs. 1 Grundgesetz steht das gesamte Schulwesen unter der Aufsicht des Staates, wobei die Bundesländer alleinige Inhaber der Kulturhoheit sind. Zwar gibt es grundlegende Abkommen der Bundesländer über wesentliche Schul- und Bildungsfragen, aber innerhalb dieses Rahmens können unterschiedlichste schulrechtliche Bestimmungen erlassen werden, etwa in Bezug auf die Schulform, die Schulstruktur, das schulische Angebot. In der Folge gibt es schwer vergleichbare Regelungen in den Bundesländern. Daher können an dieser Stelle keine allgemein gültigen Hinweise gegeben werden, sondern jede Fachkraft sollte sich über die Rahmenbedingungen in ihrem Bundesland informieren. Auf den Webseiten der Landesschulbehörden finden sich entsprechende gesetzliche Regelungen.

--- BEISPIELE

Beispielhafte Regelungen in Bayern und Niedersachsen

Bayern ist Vorreiter in Bezug auf sinnvolle Bildungsangebote für ältere Flüchtlingsjugendliche. Bereits 2011 wurde die Berufsschulpflicht bis zum 21. Lebensjahr ausgeweitet (Weiser 2015), und seit 2013 werden an über 30 staatlichen Berufsschulen zweijährige Beschulungsangebote für junge Flüchtlinge zwischen 16 und 25 Jahren angeboten, die das Ziel verfolgen, ihnen die Möglichkeit zum Erwerb eines Schulabschlusses zu geben und über berufsorientierende Inhalte und Fertigkeiten die Ausbildungsreife zu erlangen (Bayerisches Kultusministerium 2013). Doch sind diese Angebote zahlenmäßig bei weitem nicht ausreichend und in ländlichen Regionen nicht vorhanden (Seibold 2015).

In **Niedersachsen** gibt es seit Ende 2015 einige SPRINT-Projekte, die sowohl von schulpflichtigen als auch nicht schulpflichtigen Flüchtlingen zwischen 16 und 21 Jahren besucht werden können. Sie haben zum Ziel, die Teilnehmenden möglichst schnell und intensiv mit der deutschen Sprache und dem Kultur- und Berufsleben vertraut zu machen (Nds. Kultusministerium 2015).

Grundsätzlich sieht in der Mehrzahl der Länder ein Erlass zur Sprachförderung die Aufnahme von Flüchtlingskindern in speziellen Klassen vor (Weiser 2015), die Sprach-, Integrations-, Einstiegs- oder Willkommensklassen genannt werden. Die Klassenbildung stellt in ländlichen Regionen mangels Zuwanderung z. T. ein Problem dar, und in stark frequentierten Städten fehlt es an räumlichen und personellen Ressourcen, weshalb weder Schulpflicht noch Schulbesuchsrecht den Schulbesuch immer gewährleisten. Die Klassen wiederum sind gekennzeichnet durch ein sehr unterschiedliches Lernniveau innerhalb der Schülerschaft, durch häufige Wiederholung der Unterrichtsinhalte (Barth/Meneses 2012) und durch eine hohe Fluktuation. Während Schüler über 16 Jahren in den Berufsschulklassen aufgenommen werden, erfolgt die Unterbringung jüngerer unbegleiteter Flüchtlinge in allgemeinbildenden Regelschulen, wo es teilweise Vorbereitungsklassen gibt und teilweise in bestehende Regelklassen aufgenommen wird (Seibold 2015). Manche Schulen bieten ergänzende Förderung in Form von Nachhilfe an.

TIPPS FÜR DIE FACHKRAFT

- Bildung und Ausbildung bieten die Chance auf Stabilisierung in psychischer und sozialer Hinsicht.
- Es ist wichtig, auf eine umgehende Beschulung zu drängen, damit diese Chance zur Integration in den gesellschaftlichen Alltag und zum Erlernen der deutschen Sprache nicht verpasst wird.
- Die Schulpflicht endet je nach Bundesland im Alter von 16 bis 21 Jahren. In den meisten Bundesländern besteht nach Vollendung der Volljährigkeit keine Option mehr, eine Schule zu besuchen. Es sollte den jungen Flüchtlingen verdeutlicht werden, dass nur ein kurzes Zeitfenster für schulisches Lernen besteht.
- Eine erfolgreiche Bildungskarriere erhöht die Wahrscheinlichkeit auf einen längerfristigen Aufenthalt in Deutschland (§ 25a AusG). Dies ist den Jugendlichen durch die Fachkräfte als Chance zu vermitteln.

- Theoretisch können über 18-Jährige von den Berufsschulen freiwillig aufgenommen und beschult werden. Real ist das aber angesichts der hohen Nachfrage nicht sehr wahrscheinlich.
- Mittlerweile sind an vielen Schulen Schulsozialarbeiter tätig. Diese können den schulischen Integrationsprozess unterstützend begleiten.
- Es kann nicht davon ausgegangen werden, dass der strukturelle Aufbau des Schulsystems mit seinen Übergängen, seinen Begrenzungen und Möglichkeiten den unbegleiteten Flüchtlingen bekannt ist bzw. sie von den Lehrkräften ausreichend aufgeklärt werden. Daher sind auch hier die Fachkräfte in den Einrichtungen, in Beratungsstellen oder in der Schulsozialarbeit gefragt, Bildungsberatung vorzunehmen. Diese Empfehlungen werden dann häufig auch angenommen (Barth/Meneses 2012).
- Bildungs- und Sprachlernprozesse sind langwierig und erfordern Geduld – bei Jugendlichen und Fachkräften.
- Von zentraler Bedeutung für gelingende Bildungsprozesse sind tragfähige und verlässliche Beziehungen zu Fachkräften, Lehrkräften, Schulsozialarbeitern, Mentoren etc. Das Engagement kann jedoch strukturelle systemimmanente Defizite nicht ausgleichen, sondern nur für einzelne junge Flüchtlinge zur Verbesserung der individuellen Perspektiven beitragen.

7.2 Außerschulische Bildung

„Gebildet ist jeder, der das hat, was er für seinen Lebenskreis braucht." (Friedrich Hebbel)

Die zumeist kurze Zeitspanne des Schulbesuchs unbegleiteter minderjähriger Flüchtlinge macht es notwendig, nach weiteren Qualifizierungs- und Bildungsmöglichkeiten zu suchen.

Eine wichtige Rolle spielen freie Träger, die Angebote unterbreiten, Bildungsabschlüsse nachzuholen und die beim Übergang von der Schule, in Ausbildung oder Arbeit beratend und unterstützend zur Seite stehen.

Es gibt — vor allem in den größeren Städten — an den Volkshochschulen oder Abendschulen Vorbereitungskurse zur Erlangung eines nachträglichen Haupt- oder Realschulabschlusses im Rahmen einer Externenprüfung. Die Kurse sind jedoch stark nachgefragt und kostenpflichtig.

--- BEISPIEL

Die Münchner SchlaU-Schule
Ein Beispiel für gelungene Unterstützung junger Flüchtlinge ist die seit 2000 bestehende SchlaU-Schule in München (www.schlau-schule.de, 19.04.16). Das Modell zeigt einerseits, was machbar ist, andererseits aber auch, wie unzureichend das staatliche Angebot ist.

Hilfreich können auch Maßnahmen des Übergangssystems sein, die von JobCentern oder Arbeitsagenturen eingerichtet werden (wobei diese an bestimmte Voraussetzungen gebunden sind und daher für unbegleitete Flüchtlinge nur zum Teil infrage kommen).

Grundsätzlich ist es sinnvoll, Angebote in Einrichtungen der Erziehungshilfe vorzuhalten, die den schulischen Unterricht ergänzen bzw. durch Nachhilfe einen erfolgreichen Verlauf ermöglichen.

--- BEISPIEL

Frühzeitige Beschulung
In einem Projekt, bei dem unbegleitete minderjährige Flüchtlinge bereits während der Inobhutnahme eine Regelschule besuchten, hat sich gezeigt, dass trotz sehr heterogener und stark fluktuierender Klassenzusammensetzungen die Beschulung bereits unmittelbar nach der Inobhutnahme machbar ist und erfolgreich sein kann (Breithecker 2011).

Bei schulischen Bildungsfragen dürfen diejenigen jungen Flüchtlinge, die als Analphabeten bzw. mit sehr geringen schulischen Kenntnissen nach Deutschland kommen, nicht vergessen werden. Für sie gestaltet sich das Erlernen der deutschen Sprache besonders schwierig, weshalb intensive Unterstützungsleistungen notwendig sind, da ansonsten Marginalisierung und Desintegration drohen.

Unbegleitete minderjährige Flüchtlinge müssen nicht nur schulisch lernen, sondern quasi in jedem Moment neue Erkenntnisse und Erlebnisse integrieren und für sich handhabbar machen. Daher ist Bildung ein durchaus relativer Begriff.

7.3 Integration in den Arbeitsmarkt

„Behandle deinen Gast zwei Tage lang als Gast, aber am dritten Tag gib ihm eine Hacke." (Suaheli-Sprichwort)

Arbeit, Ausbildung oder Studium sind von fundamentaler Bedeutung für eine gelingende Sozialisation. Für junge Flüchtlinge sind mit der Integration in den Arbeitsmarkt zudem ein „richtiges" Angekommensein, eine soziale Integration und das Gefühl des Aufgenommenseins in die Gesellschaft verbunden. Außerdem ermöglicht Berufstätigkeit ein selbstbestimmtes Leben. Daher sind Maßnahmen für umfassende Zugänge zum (Aus)Bildungs- und Arbeitsmarkt ins Zentrum des politischen Handelns zu rücken.

Zugangsprobleme zum Arbeitsmarkt

Der Arbeitsmarkt in Deutschland ist gespalten. Einerseits wird die Arbeitsmarktlage als solide und gut beschrieben. Seit 2005 sinkt die Zahl der registrierten Arbeitslosen, in Teilbereichen des Arbeits- und Ausbildungsmarktes zeichnet sich ein Fachkräftemangel ab bzw. er lässt sich bereits regional ausmachen. Zudem spielt der demografische Wandel eine Rolle, der die Schere zwischen den aus dem Arbeitsleben Ausscheidenden und denjenigen, die nachfolgen, immer weiter auseinandergehen lässt (www.statistik.arbeitsagentur.de, 19.04.2016). Somit kommt den Arbeitgebern der Zuzug von jungen Flüchtlingen entgegen, ihre Chancen auf Integration steigen.

Auf der anderen Seite gibt es vom Arbeitsmarkt ausgegrenzte Menschen. Es gibt eine verfestigte Langzeitarbeitslosigkeit und eine erhebliche Diskrepanz zwischen der Bedarfen an hoch qualifizierten Arbeitskräften und den Qualifikationen, die arbeitssuchende Menschen mitbringen. So zählen leistungsschwächere oder im Verhalten auffällige Jugendliche weiterhin zu den Problemgruppen des Arbeitsmarktes. Sie finden sich allenfalls in Maßnahmen der Bundesagentur für Arbeit bzw. der JobCenter wieder oder im prekären, weiter schrumpfenden Markt für ungelernte Arbeitskräfte.

Zu den marginalisierten Jugendlichen zählen auch besonders viele junge Menschen mit einem Migrationshintergrund (BMFSFJ 2013). Migranten in Deutschland gehören zu den Personengruppen, die im Bildungssystem benachteiligt sind und überproportional oft scheitern, die häufiger Transferleistungen vom JobCenter in Anspruch nehmen müssen und die besonders von Arbeitslosigkeit betroffen sind. Auch die Ausbildungsbeteiligung ist trotz hoher Motivation niedriger als bei deutschen Jugendlichen (Beicht/Gei 2015; BMFSFJ 2013). Auch rassistische Gründe oder (angenommene) Vorbehalte der Kundschaft tragen zur Chancenverweigerung bei (Hummitzsch 2014). Neben diesen Faktoren kommen bei jungen Flüchtlingen noch die Sprachprobleme sowie rechtliche Hürden hinzu. Zudem ist die islamkritische Haltung weiter Teile der Bevölkerung als Faktor anzunehmen, der ein zusätzliches Ausschlusskriterium darstellen dürfte.

Zu den besonders benachteiligten Gruppen gehören Jugendliche aus dem arabischen Raum (BMBF 2015). Entsprechend ist auch bei vielen unbegleiteten minderjährigen Flüchtlingen aus dieser Herkunftsregion mit Problemen bei der beruflichen Integration zu rechnen.

Rechtliche Begrenzungen

Vor dem Hintergrund des ohnehin schwierigen Zugangs zum Arbeitsmarkt kommt verschärfend der ungesicherte Aufenthaltsstatus der meisten unbegleiteten Flüchtlinge hinzu.

Junge Flüchtlinge, die sich nicht im Asylverfahren befinden bzw. einen negativen Bescheid erhalten haben, bei denen aber die Abschiebung ausgesetzt wurde, erhalten von der örtlichen Ausländerbehörde eine „Bescheinigung für die Aussetzung einer Abschiebung", die *Duldung* genannt wird. Damit sind die Optionen auf dem Arbeitsmarkt stark eingeschränkt, weil sämtliche Tätigkeiten genehmigt werden müssen. Hierbei handelt es sich um eine Ermessensentscheidung der zuständigen Ausländerbehörde, die wiederum die Zustimmung der örtlichen Arbeitsagentur einholen muss. Erst nach vier Jahren geduldetem Aufenthalt entfällt diese Einschränkung. Anerkannte Asylbewerber dürfen grundsätzlich uneingeschränkt arbeiten (BAMF 2016).

> *Nähere Informationen lassen sich auf der Homepage des* **Bundesamtes für Migration** *nachlesen (www.bamf.de, 19.04.2016). Dort werden unter FAQ (Frequently Asked Questions) häufig gestellte Fragen zum Zugang für Flüchtlinge zum Arbeitsmarkt aufgelistet und beantwortet.*

Hohe berufliche Ansprüche versus Ausgrenzung am Arbeitsmarkt

> „Ich bin nicht aus Armutsgründen hier. Mein Papa hat viel Geld verdient, er war Geschäftsmann."
> (Amadou aus Guinea in: Diakonieverbund Schweicheln 2015, 11)

Viele junge Flüchtlinge entstammen der gesellschaftlichen Mittel- oder Oberschicht ihres Landes. Die gesteckten Ziele für ein Leben in Deutschland sind entsprechend oft sehr hoch.

> **BEISPIEL**
>
> **Konkrete Vorhaben**
> Mujibullah aus Afghanistan würde gerne Mediziner werden oder etwas mit Computer machen (Hagen 2011), Mahmud möchte die Universität besuchen, Medizin studieren oder Ingenieurwissenschaften (Diakonieverbund Schweicheln 2015).

Unbegleitete Minderjährige erwarten ein „glanzvolles Leben" in Deutschland, woraus im Alltag oftmals eine Enttäuschung erwächst, weil die Erwartungen „in der Regel nicht und schon gar nicht unmittelbar erfüllt werden" (Akbasoglu et al. 2012, 35).

In Bezug auf junge Flüchtlinge geht das Institut für Arbeitsmarkt und Berufsforschung davon aus, dass die beruflichen Qualifikationen der Flüchtlinge insgesamt deutlich geringer sind als bei anderen Ausländergruppen, sieht aber angesichts des niedrigen Durchschnittsalters ein erhebliches Qualifizierungspotenzial (Brücker et al. 2015). Doch Qualifizierung braucht Zeit.

> **TIPPS FÜR DIE FACHKRAFT**
>
> Auf die wirtschaftlichen sowie arbeits- und ausländerrechtlichen Rahmenbedingungen hat die Fachkraft keinen Einfluss. Es gilt aber, eine Balance zu finden, den Jugendlichen einerseits nicht zu entmutigen, andererseits jedoch an der Erarbeitung realistischer Perspektiven mitzuwirken.
>
> Für die Fachkraft bedeutet das, über Bedürfnisaufschub, gesellschaftliche Regeln, Grenzen und Möglichkeiten zu sprechen, was voraussetzt, selbst ein fundiertes Bild über die Mechanismen des Arbeitsmarktes und die rechtlichen Regelungen zu haben.

Vorbereitung auf Arbeitsaufnahme

Für unbegleitete minderjährige Flüchtlinge ist eine Arbeitsaufnahme i. d. R. zwar nicht angezeigt, aber dennoch sollte eine Hinführung auf die berufliche Integration durch die Fachkraft grundsätzliche Informationen über eine Arbeitsaufnahme und die damit zusammenhängenden Aspekte umfassen (z. B. Bewerbungen, Vorstellungsgespräche, Lohnzahlungen/Lohnniveau, Erwartungshaltungen der Arbeitgeber, Arbeitsschutz, Kündigungsrecht, Probezeit, Zeitarbeit).

Zur Relevanz des Geldverdienens

Seitens der zurückgebliebenen Familie besteht z. T. die Erwartung, von ihrem Kind finanzielle Unterstützung zu erhalten etwa für eine Rückzahlung der Kosten für die Schleuser. Oder aber die jungen Flüchtlinge sehen sich selbst in der moralischen Verpflichtung, ihre Familien zu unterstützen. Entsprechend möchten sie schnell einer bezahlten Tätigkeit nachgehen. Auch der Wunsch nach einer frühen Heirat erklärt das Interesse an einer Arbeitsaufnahme. Eine Heirat in jungen Jahren ist in den Herkunftsländern üblich, zudem versprechen sie sich dadurch einen sichereren Aufenthaltsstatus in Deutschland (Akbasoglu et al. 2012).

Bei vielen Migranten und Flüchtlingen spielt auch der Rückkehrgedanke in ihr Herkunftsland eine große Rolle. Auch deshalb ist der Wunsch naheliegend, schnell Geld zu verdienen. In einer Umfrage unter zumeist jungen syrischen Flüchtlingen gaben nur 8 % an, auf Dauer in Deutschland bleiben zu wollen (Dürr 2015). Andererseits sprechen vielfältige Berichte und Aussagen unbegleiteter minderjähriger Flüchtlinge gegen eine Rückkehrplanung. Es wird fast immer der Wunsch genannt, in Deutschland bleiben zu dürfen.

> TIPP FÜR DIE FACHKRAFT
>
> Fachkräfte sollten sich darüber bewusst sein, dass gut gemeinte Ratschläge, eine Ausbildung aufzunehmen, nicht immer ange-

messen sind. Es gilt, die spezifische Lebenssituation zu berücksichtigen. Ein „Überreden", das „Besser-Wissen", kann in diesen Fällen kontraproduktiv sein.

7.4 Ausbildung

Eine Ausbildungsaufnahme ist für unbegleitete minderjährige Flüchtlinge bei laufendem Asylverfahren nach drei Monaten, ansonsten unmittelbar nach der Einreise möglich. Dies betrifft sowohl duale als auch schulische Ausbildungen. Für betriebliche Ausbildungen ist eine Erlaubnis der Ausländerbehörde einzuholen (Karstens/ Voigt 2015). Lediglich in Fällen der Einreise zum Sozialleistungsbezug, bei Identitätstäuschung oder der Mitwirkungsverweigerung (§ 33 BeschV) wird die Erlaubnis zur Ausbildungsaufnahme von der zuständigen Ausländerbehörde nicht erteilt.

Grundsätzlich gilt, dass für unbegleitete minderjährige Flüchtlinge, die Dienstleistungs- oder Handwerksberufe anstreben, die Chancen größer sind als in anderen Berufsfeldern. Aber auch bei diesen Berufen gibt es Abhängigkeiten vom spezifischen Berufswunsch, der regionalen Arbeitsmarktlage und den individuellen Voraussetzungen (z. B. Schulabschluss, Sprachkompetenzen).

Junge unbegleitete minderjährige Flüchtlinge aus Ländern, die als sicherere Herkunftsstaaten gelten (u. a. Kosovo, Albanien, Serbien, Ghana, Senegal) dürfen seit dem Inkrafttreten des Asylverfahrensbeschleunigungsgesetzes vom 24.10.2015 keine Ausbildung mehr aufnehmen (Schwarz 2016). Nach Vollendung des 18. Lebensjahres müssen sie mit einer Abschiebung in die als sicher eingestuften Herkunftsländer rechnen.

Ein erschwerter Zugang besteht für alle unbegleiteten minderjährigen Flüchtlinge bei staatlich finanzierten Ausbildungen. Die Berufsausbildungen in außerbetrieblichen Einrichtungen (BaE, § 76 SGB III) sind zugangsbeschränkt und kommen daher für unbegleitete minderjährige Flüchtlinge zumeist nicht infrage. Bei assistierten Ausbildungen (§ 130 SGB III) wird bei Jugendlichen mit einer Aufenthaltserlaubnis eine 15-monatige Wartezeit vorausgesetzt (Karstens/ Voigt 2015). Seitens des Deutschen Gewerkschaftsbundes wird ein Bund-Länderprogramm für außerbetriebliche Ausbildung gefordert, um die Integrationschancen zu erhöhen – eine sinnvolle Initiative (Kwasniewski 2015).

Positiv zu bewerten ist, dass grundsätzlich ein Bleiberecht für den Zeitraum der Ausbildung zugestanden wird (§ 60a AufenthG). Dies war vielfach gefordert worden, u. a. auch seitens der Arbeitgeberverbände (BDA 2015), da eine Abschiebegefahr die Bereitschaft der Unternehmen zur Ausbildung sinken lasse. Allerdings ist für die Aufenthaltssicherung ein Beginn der Ausbildung vor dem 21. Lebensjahr notwendig.

TIPPS FÜR DIE FACHKRAFT

- Das deutsche duale Berufsausbildungssystem – weltweit eine Besonderheit – ist den unbegleiteten minderjährigen Flüchtlingen nicht bekannt. Die Fachkraft sollte hier in Zusammenarbeit mit der Bundesagentur für Arbeit Aufklärungsarbeit leisten. Beispielsweise bieten sich Betriebsbesichtigungen, Praktika oder berufliche Einstiegsqualifizierungen an, um die Arbeitswelt kennenzulernen.
- Ausbildungsbegleitende Hilfen (= kostenlose Nachhilfe) stehen nach 15 Monaten Aufenthaltszeit auch jungen Flüchtlingen mit Duldung zu, wenn sie sich in einem Ausbildungsverhältnis befinden und zusätzliche Unterstützung in Bezug auf Sprache oder Bildung benötigen (Karstens/Voigt 2015).

Ausbildung als Nonplusultra?

„Die Wälder wären still, wenn nur die begabtesten Vögel sängen."
(Henry Van Dyke)

Das weit verbreitete Postulat, jeder junge Mensch solle und müsse eine Ausbildung absolvieren, kann für viele Jugendliche schlicht und ergreifend eine Überforderung sein. Es ist zu akzeptieren, dass es eine erhebliche Anzahl an Jugendlichen gibt, die selbst mit Förderung, Unterstützung und guten Deutschkenntnissen eine Ausbildung nicht erfolgreich absolvieren können. So finden sich unter den unbegleiteten minderjährigen Flüchtlingen auch viele mit minimaler formaler Schulbildung oder Analphabeten.

Es wird andererseits immer wieder berichtet, dass viele unbegleitete minderjährige Flüchtlinge sehr ehrgeizig sind und relativ schnell grundlegende Deutschkenntnisse für die Bewältigung des Alltags erwerben. Wenn es jedoch um die Teilnahme an beruflichen Qualifizierungen, Berufsausbildungen oder sogar um die Aufnahme eines Studiums geht, sind sie den komplexen sprachlichen Anforderungen nicht immer gewachsen. Wie anspruchsvoll das Ausbildungsniveau ist, machen sich auch viele Fachkräfte nicht bewusst.

Neben den Eindrücken aus dem Alltag, den Lernfortschritten und der Einschätzung von Lehrkräften, können Eignungstests bei den Arbeitsagenturen hilfreich sein, um Über- oder Unterforderung zu vermeiden. Jedenfalls ist eine sehr gründliche Abklärung notwendig.

Für leistungsschwächere junge Flüchtlinge bieten sich berufsvorbereitende Maßnahmen, Berufsausbildungen in außerbetrieblichen Einrichtungen oder assistierte Ausbildungen an. Bei assistierten Ausbildungen unterstützt ein Bildungsträger sowohl den Lehrling als auch den Betrieb. (Die Wartezeit für geduldete Jugendliche beträgt 15 Monate.)

> Näheres zum Konzept der **assistierten Ausbildung** nach § 130 SGB III gibt es auf der Homepage der Agentur für Arbeit (www.arbeitsagentur.de., 19.04.2016).

Förderangebote der EU, der Ministerien, der Bundesagentur für Arbeit, der örtlichen Jobcenter werden entwickelt, verworfen, geändert oder mit neuem Titel vermarktet. Zum Teil existieren ähnliche Maßnahmen parallel. Zudem gibt es Angebote durch die Kinder- und Jugendhilfe gem. § 13 SGB VIII. Für Fachkräfte, die nicht unmittelbar mit Fragen der beruflichen Integration befasst sind, ist diese Vielfalt schwer zu durchschauen, insbesondere dann, wenn ausländerrechtliche Aspekte eine zusätzliche Rolle spielen. Dennoch ist es sinnvoll, sich zu informieren, um keine Optionen zu übersehen. In Niedersachsen beispielsweise existieren für Flüchtlinge spezielle Fachdienste an den Arbeitsagenturen und den Jobcentern, die zu Rate gezogen werden können.

--- TIPPS FÜR DIE FACHKRAFT

Für die Arbeit mit jungen Menschen in der Verselbstständigungsphase sollte Fachkräften die Angebotspalette insbesondere der Bundesagentur für Arbeit und der örtlichen Jobcenter (zumindest weitgehend) bekannt sein, insbesondere auch, um bei den Ämtern kompetent und aktiv fordernd auftreten zu können. Die jungen Flüchtlinge werden dazu kaum in der Lage sein.

7.5 Studium

In der Kinder- und Jugendhilfe hatten Fachkräfte bislang kaum mit jungen Menschen zu tun, die die Aufnahme eines Studiums anstreben. Durch die unbegleiteten minderjährigen Flüchtlinge hat sich dies geändert. Zwar werden die Jugendlichen im Normalfall während einer Betreuung im Rahmen der Jugendhilfe kein Studium beginnen können, dennoch spielt dieses Ziel für einige von ihnen eine Rolle. Auch hier lässt sich eine Diskrepanz zwischen den Erwartungen und den realen Möglichkeiten feststellen. Es ist wichtig, den Flüchtlingen zu verdeutlichen, wie „steinig der Weg" aussehen wird, damit ggf. nicht die Weichenstellung in Richtung einer Ausbildung verpasst wird.

Für den Bezug von BAFöG-Leistungen (Bundesausbildungsförderungsgesetz) wurde die Wartezeit für Jugendliche und junge Heranwachsende mit einem Aufenthaltstitel von vier Jahren auf 15 Monate verkürzt.

> *Die Bundesagentur für Arbeit bietet einen* **12-wöchigen Online-Kurs „Ready for Study"** *(www.ready4study.de, 19.04.2016) für geflüchtete Menschen zum Erwerb von Studienkompetenzen an.*

7.6 Förderung der Arbeitsmarktintegration

Die Angebote, die eine berufliche Integration unterstützen können, sollten bekannt sein, um ggf. auch über Umwege einen Berufseinstieg zu ermöglichen.

Agentur für Arbeit: Es gibt gute und sich selbst erklärende Internetangebote der Agentur für Arbeit. Anschaulich und hilfreich für einen Einblick in die deutsche Arbeitswelt können Filme sein. Vieles dürfte dennoch vom jungen Flüchtling aufgrund der großen Anzahl von Fachtermini nicht verstanden werden. Daher ist eine erläuternde „Übersetzung" durch die Fachkraft notwendig.

Im Kontext der Verselbständigung der jungen Flüchtlinge ist es von zentraler Bedeutung, die Funktion, die Arbeitsweise, die Relevanz und die Angebote der Bundesagentur für Arbeit und der Jobcenter deutlich zu machen. Jeder Jugendliche wird beim Einstieg in den Beruf und auch danach immer wieder mit der Arbeitsagentur und/oder den JobCentern in Berührung kommen. Grundlegende Hinweise und Informationen können sich die Jugendlichen auf der Homepage der Arbeitsagentur in arabischer, englischer oder deutscher Sprache selbst anlesen.

◻ **Folgende Internetseiten sind für den Berufseinstieg nutzbar:**

- *Für Jugendliche mit* **Hauptschulabschluss oder Mittlerer Reife** *bietet sich Planet Beruf an (www.planet-beruf.de, 19.04.2016).*
- *Für Absolventen der* **Sekundarstufe II** *kann www.abi.de (19.04.2016) hilfreich sein.*
- *Auf www.berufenet.de (19.04.2016) gibt es Informationen zu über 3100* **Berufen.**
- *Unter www.berufe.tv.de (19.04.2016) finden Interessenten über 140 Filme zu* **Ausbildungs- und Studienberufen.**
- *Ein Portal mit großem* **Lehrstellenangebot** *ist die Jobbörse www.jobboerse.arbeitsagentur.de, (19.04.2016).*
- **Schulische Angebote** *sowie* **Fortbildungsmöglichkeiten** *können auf www.kursnet.arbeitsagentur.de (19.04.2016) gefunden werden.*

◻ *Die Agentur für Arbeit bietet darüber hinaus beispielsweise* **Potenzialanalysen** *an, um Interessen, Möglichkeiten und Fähigkeiten festzustellen. Zudem wurde ein Sonderprogramm mit einem strukturierten Deutschförderangebot mit berufsbezogenen Sprachanteilen aufgelegt.*

◻ *Die* **rechtlichen Zugangsmöglichkeiten bzw. Beschränkungen** *zu Ausbildung und Arbeit gibt es auf der Webseite der Arbeitsagentur per Suchbefehl (u. a. „Menschen mit Fluchthintergrund") (www.arbeitsagentur.de, 19.04.2016).*

◻ **Förderprogramme:** *Für Unternehmensinhaber mit Migrationshintergrund gibt es besondere Förderprogramme.*

- *Die* **Koordinierungsstellen „Ausbildung und Migration"** *fördern eine Ausbildung in von Migranten geführten Unternehmen (www.kausa.de, 19.04.2016). Ähnliche Angebote können auch lokal existieren, wenn beispielsweise Kommunen oder die JobCenter aktiv geworden sind.*
- *Unter www.workeer.de (19.04.2016) gibt es eine* **Ausbildungs- und Arbeitsplatzbörse,** *die sich speziell an Flüchtlinge richtet. Mit der*

Plattform soll ein geeignetes Umfeld geschaffen werden, in dem die Flüchtlinge auf ihnen gegenüber positiv eingestellte Arbeitgeber treffen.

- **Deutsch-lern-Apps:** Unter dem Stichwort „Deutsch für die Arbeitswelt" wurden gezielt Sprachlernapps entwickelt.

  – Durch die **Lern-Apps des Deutschen Volkshochschulverbandes** soll eine Verbesserung der berufsbezogenen Sprachkompetenzen erreicht werden. Dabei werden auch Themen wie Bewerbungen, Arbeitsrecht und Arbeitsschutz oder Kommunikation mit Kunden und Kollegen aufgegriffen (www.dvv-vhs.de, 19.04.2016).
  – Eine weitere App ermöglicht, **Worte für verschiedene Berufe** (z. B. im Lager, in der Küche, auf dem Bau oder dem Reinigungssektor) zu erlernen. Ein kostenloser Download der „Wörter für den Beruf" kann über den Google Play Store erfolgen (https://play.google.com/store, 19.04.2016).

Freiwilliges Soziales Jahr, Praktika und Ehrenamt: Auch diese Angebote bieten eine Möglichkeit der Integration.

Sofern keine Schulpflicht mehr besteht, haben junge Flüchtlinge die Möglichkeit, unmittelbar nach ihrer Einreise ein Freiwilliges Soziales Jahr (FSJ) zu absolvieren. Grundlegende Sprachkenntnisse werden allerdings vorausgesetzt, zudem ist eine Erlaubnis der Ausländerbehörde notwendig.

Eine ehrenamtliche Tätigkeit stellt auch bei Zahlung einer geringen Aufwandsentschädigung kein Arbeitnehmerverhältnis dar und ist somit ohne Zustimmung der Arbeitsagentur oder der Ausländerbehörde möglich.

Hospitationen, Schulpraktika und betriebliche Maßnahmen zur Aktivierung und beruflichen Eingliederung von maximal sechswöchiger Dauer (§ 45 SGB III) sind nicht genehmigungspflichtig.

Praktika im Rahmen einer Ausbildung, eines Studiums, eines EU-geförderten Programms, zur Berufsorientierung oder eine Einstiegsqualifizierung bedürfen der Zustimmung der Ausländerbehörde. Andere Praktika, etwa zur Aufnahme einer Beschäftigung, erfordern auch die Zustimmung der Arbeitsagentur.

Die Teilnahme an Berufsorientierungsmaßnahmen, die Leistungen der Berufseinstiegsbegleitung und der Einstiegsqualifizierung können bei einer Duldung in Anspruch genommen werden. Der Zugang zu berufsvorbereitenden Bildungsmaßnahmen ist stark eingeschränkt (§ 59 Abs. 3 SGB III) (Karstens/Voigt 2015).

Angebote der Jugendsozialarbeit: Jugendsozialarbeit (§ 13 SGB VIII) hat die berufliche und gesellschaftliche Integration junger Menschen und deren uneingeschränkte Teilhabe am gesellschaftlichen Leben zum Ziel. Diesem Selbstverständnis folgend, lässt sich die Jugendsozialarbeit nicht auf die Jugendhilfe begrenzen, sondern erfordert das Einbeziehen von Bildungs-, Sozial-, Arbeitsmarkt- und Migrations-/Integrationspolitik (www.bag-jugendsozialarbeit, 19.04.2016).

♂ *Informationen zur* **gesellschaftlichen und beruflichen Integration** *– auch von Migranten und unbegleiteten Flüchtlingen – bieten die*

- *Bundesarbeitsgemeinschaft Jugendsozialarbeit (www.bag-jugendsozialarbeit.de, 19.04.2016),*
- *Evangelische Jugendsozialarbeit (www.bagejsa.de, 19.04.2016) und*
- *Katholische Jugendsozialarbeit (www.bagkjs.de, 19.04.2016).*

Jugendwohnen: Die damit bezeichnete Leistung der Kinder- und Jugendhilfe (§ 13 Abs. 3 SGB VIII) ist ein Unterstützungsangebot für junge Menschen im Alter von 14 bis 27 Jahren, die ausbildungsbedingt oder aus sonstigen sozialen Gründen an einem fremden Ort auf sich allein gestellt sind. Jugendwohnen ist eine Option, sofern der junge Flüchtling als ausreichend selbstständig und eigenverantwortlich eingeschätzt wird und keine intensiveren Unterstützungsangebote notwendig sind. Eine pädagogische Betreuung ist nur rudimentär gewährleistet (LAG Jugendsozialarbeit Bayern 2015).

Beratung und Begleitung für junge Geflüchtete: Das vom Bundesministerium für Familie, Senioren, Frauen und Jugend (BMFSFJ) geförderte Modellprojekt „jmd2start — Begleitung für junge Flüchtlinge im Jugendmigrationsdienst" unterstützt an 24 Standorten junge Geflüchtete im Alter von 12 bis 27 Jahren beim Zugang zu Bildung,

Arbeit und gesellschaftlicher Teilhabe. Voraussetzung: entweder eine aufenthaltsrechtliche Duldung oder ein laufendes Asylverfahren.

TIPP FÜR DIE FACHKRAFT

- Jegliche Form der beruflichen Aktivität/Beschäftigung ist grundsätzlich sinnvoll für die jungen Flüchtlinge (es sei denn, schulische Maßnahmen sind zu favorisieren).
- Vorgeschaltete Maßnahmen sind oft nötig, um einen dauerhaften Einstieg zu ermöglichen oder eine berufliche Qualifizierung zu erlangen.
- Einblicke in die Arbeitswelt erleichtern die berufliche Orientierung.
- Alle Aktivitäten, die eine Arbeitsmarktintegration fördern und Integrationsbemühungen dokumentieren, erhöhen die Chancen auf ein Aufenthaltsrecht.
- Jugendliche unbegleitete Flüchtlinge, die vor dem 21. Lebensjahr einen Antrag auf Aufenthaltserlaubnis stellen, können diese erhalten, wenn der Aufenthalt (auch geduldet) mindestens vier Jahre umfasst, vier Jahre erfolgreich eine Schule besucht oder ein anerkannter Schul- oder Berufsabschluss erreicht werden konnte (§ 25a Aufenthaltsgesetz).
- Grundsätzlich ist es notwendig, sich angesichts permanenter Veränderungen in Gesetzen und Arbeitsmarktprogrammen auf dem Laufenden zu halten.

- Es gibt **Jugendwohnprojekte für Auszubildende**, *die für einzelne unbegleitete minderjährige Flüchtlinge u. U. geeignet sind (www.auswaerts-zuhause.de, 19.04.2016).*

- **Berufsausbildungsbeihilfen** *können von Jugendlichen nach 15 Monaten Aufenthalt beantragt werden. Dies ist auch für geduldete Jugendliche möglich (www.bamf.de, 19.04.2016).*

- *Empfehlenswert* **„Der Zugang zur Berufsausbildung und zu den Leistungen der Ausbildungsförderung für junge Flüchtlinge und junge Neuzugewanderte"** *(www.der-paritaetische.de/uploads/tx_pdforder/JSA_fluechtlinge-2015_web.pdf, 19.04.2016).*

8 Schlussbemerkungen

Die Erwartungen an die Fachkräfte, die mit den unbegleiteten minderjährigen Flüchtlingen arbeiten, sind ausgesprochen vielfältig und anspruchsvoll. Im Buch wurde aufgezeigt, wie notwendig ein umfassendes Hintergrund- und Fachwissen ist, wie fundiert die pädagogischen und rechtlichen Kenntnisse sein sollten, wie wichtig interkulturelle Kompetenz ist und wie breit gefächert die konkreten Handlungsoptionen sind, die es umzusetzen gilt. Es wurden Hürden deutlich, Erfordernisse benannt, Gefährdungen offensichtlich, strukturelle Grenzen offenbar, Handlungsbedarfe aufgezeigt.

Gefordert ist eine reflektierte, engagierte, belastbare, mitdenkende, kooperative, einfühlsame und flexible Fachkraft, die individuell unterstützend wie auch politisch aktiv für die Belange der unbegleiteten minderjährigen Flüchtlinge eintritt, dabei zugleich Nähe zulässt und Distanz wahrt. Die Fachkraft sollte darüber hinaus

- über ein entsprechendes Methodenrepertoire verfügen,
- professionelle Gesprächsführung beherrschen,
- Werte und Normen vermitteln bei gleichzeitiger Akzeptanz anderer Einstellungen,
- interkulturelle Kompetenzen aufweisen,
- Traumata auffangen können,
- in der Lage sein, schulische und berufliche Perspektiven aufzuzeigen,
- sich ständig weiter qualifizieren etc.

Gefragt ist eben die berühmte „Eier-legende-Wollmilchsau".

Zweifelsohne fordert die Arbeit mit unbegleiteten minderjährigen Flüchtlingen die Fachkräfte heraus. Aber viele der in diesem Buch komprimiert aufgezeigten Anforderungen sind Bestandteil der (sozial)pädagogischen Alltagsarbeit. Anderes sollte der Zielgruppe entsprechend neu an Kenntnissen hinzugewonnen werden. Im

Buch wurden Aufgaben benannt und Anregungen gegeben, die aber selbstverständlich nicht alle, schon gar nicht zeitgleich und von ein und derselben Person geleistet werden können und sollen. Dennoch stellen sie einen Anregungs- und Anforderungskatalog dar, dem Fachkräfte sich stellen sollten.

Ganz besonders herausgefordert sind aber die unbegleiteten minderjährigen Flüchtlinge. Sie sind einerseits Kinder und Jugendliche wie andere in Deutschland lebende Kinder und Jugendliche auch — sie spiegeln eine genauso große Vielfalt wider, sie haben unterschiedlichste Bedürfnisse, Wünsche, Hoffnungen, Potenziale sowie jugendtypische Sorgen und Probleme.

Andererseits unterliegen sie spezifischen (Sozialisations)Bedingungen, haben ihr Land verlassen müssen und oft traumatische Erfahrungen durchlebt, sie haben gesellschaftlich eingeschränkte Optionen, begrenzte Teilhabechancen, einen eingeschränkten Handlungsrahmen und sind in einem für sie fremden Land ohne Familie allein auf sich gestellt.

Die Belastungs- und Einflussfaktoren, die auf den jungen Menschen wirken, wurden im Buch beschrieben und werden in **Abb. 5** noch einmal skizziert.

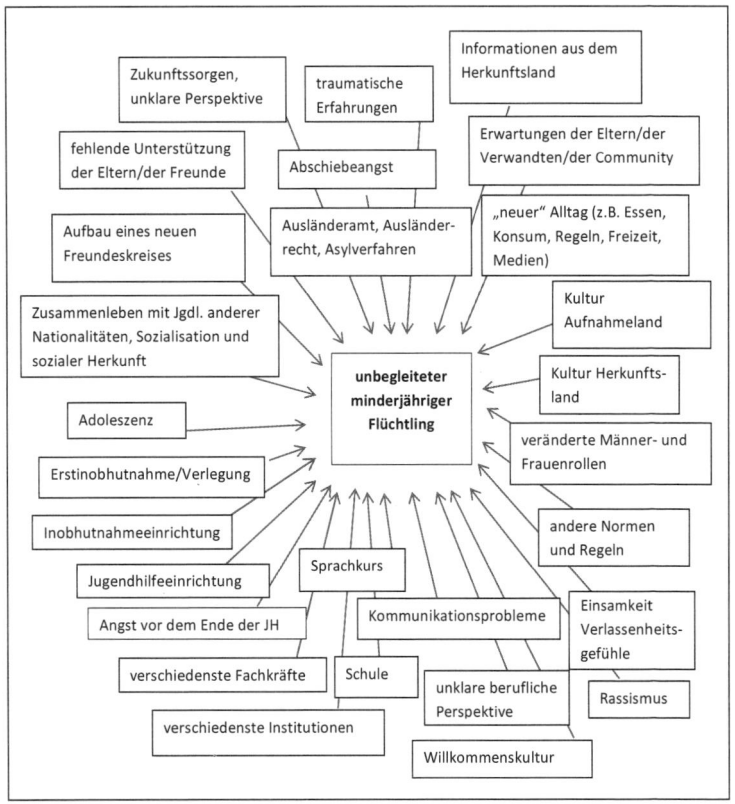

Abb. 5: Belastungs- und Einflussfaktoren

Mit dem Buch ist der Versuch unternommen worden, einen Beitrag zum Verständnis der (besonderen) Herausforderungen im Kontext der Arbeit mit jungen minderjährigen Flüchtlingen zu leisten, einen Rahmen zur Einordnung aufzuzeigen und ganz konkrete Anregungen für die alltägliche Arbeit zu geben.

Neben den unbegleiteten minderjährigen Flüchtlingen und den Fachkräften vor Ort sind alle gesellschaftlichen Akteure gefragt, die neue(n) Aufgabe(n) zu bewältigen. Die Kinder- und Jugendhilfe steht dabei in erster Reihe. Sie sollte zu individuell wie gesellschaftlich guten Bedingungen für die unbegleiteten minderjährigen Flüchtlinge beitragen. Und um fachlich gute Arbeit leisten zu können, ist es nötig, für angemessene Jugendhilfestandards einzutreten. Diese dürfen im Interesse der jungen Menschen nicht zur Disposition gestellt werden.

Alles in allem keine leicht zu gestaltenden Aufgaben. Aber: Die einen bauen Mauern, wenn der Wind der Veränderung weht, die anderen Windmühlen! Das Buch wollte zum Beflügeln einen Beitrag leisten.

Literatur

Adam, H., Klasen, F. (2015): Trauma und Versöhnungsbereitschaft bei Flüchtlingskindern. Dialog Erziehungshilfe 4/2015, 37−40

AFET-Bundesverband für Erziehungshilfe e. V. (Hrsg.) (2015): AFET Stellungnahme zum Entwurf eines Gesetzes zur Verbesserung der Unterbringung, Versorgung und Betreuung ausländischer Kinder und Jugendlicher vom 09.06.2015. Hannover 25.06.2015

AFET-Bundesverband für Erziehungshilfe e. V. (Hrsg.) (2012): Unbegleitete minderjährige Flüchtlinge im Kontext von Jugendhilfe, Recht und Politik. Positionspapier. Mai 2012

AFET-Bundesverband für Erziehungshilfe e. V. (Hrsg.) (2011): (Offene) Fragen, Debatten und Informationen. www.afet-ev.de/organe_gremien/Archiv-Fachbeirat/Archiv-Fachbeirat-2009−2014.php#April2011. 07.02.2016

AFET, BVkE, EREV, IGfH (Hrsg.) (2014): Zwischenruf der Erziehungshilfefachverbände zur Verteilung von minderj. Flüchtlingen. Nov. 2014. www.afet-ev.de/veroeffentlichungen/Stellungnahmen/PDF-STellungnahmen/2014/ZRUnbegleiteteMinderjhrigeFlchtlinge.pdf, 09.01.2016

AGJ. Arbeitsgemeinschaft für Kinder- und Jugendhilfe (Hrsg.) (2015a): Geflüchtete Kinder und Jugendliche sind Kinder und Jugendliche. Eckpunktepapier zum Thema „Junge Flüchtlinge − Eine Herausforderung für Europa". 03/04.12.2015

AGJ. Arbeitsgemeinschaft für Kinder- und Jugendhilfe (Hrsg.) (2015b): Kind ist Kind! − Umsetzung der Kinderrechte für Kinder und Jugendliche nach ihrer Flucht. AGJ-Positionspapier vom 03.07.2015

AGJ. Arbeitsgemeinschaft für Kinder- und Jugendhilfe (Hrsg.) (2011a): Interkulturalität und Fachlichkeit. Herausforderungen für die Kinder- und Jugendhilfe. Diskussionspapier vom 21./22.11.2011

AGJ. Arbeitsgemeinschaft Kinder- und Jugendhilfe (Hrsg.) (2011b): Anforderungen an Fort- und Weiterbildung als ein Steuerungsinstrument der Personal- und Qualitätsentwicklung. Diskussionspapier 24/25.11.2011

AGJ, DIJuF (2016): APPELL vom 26. Oktober 2016 an die Jahreskonferenz der Regierungschefinnen und Regierungschefs der Länder vom 26. bis 28. Oktober 2016 in Rostock zum Beschlussvorschlag aus Bayern (Stand: 24. Oktober

Literatur

2016 zu TOP 2.2 Standards und Kosten für UmF im Rahmen der Kinder- und Jugendhilfe). In: www.agj.de, 29.11.2016

Akbasoglu, S., El-Mafaalani, A., Heufers, P., Karaoglu, S., Wirtz, S. (2012): Unbegleitete minderjährige Flüchtlinge im Clearinghaus. Abschlussbericht der wissenschaftlichen Begleitung. ISF-Ruhr, Dortmund/Düsseldorf

Albus, S., Greschke, H., Klingler, B., Messmer, H., Micheel, H-G., Otto H-U., Polutta A. (2010): Abschlussbericht der Evaluation des Bundesmodellprogramms „Qualifizierung der Hilfen zur Erziehung durch wirkungsorientierte Ausgestaltung der Leistungs-, Entgelt- und Qualitätsvereinbarungen nach §§ 78a ff. SGB VIII. ISA Planung und Entwicklung GmbH (Hrsg.), Waxmann, Münster/New York/München/Berlin

Alhussein, M. (2010): Die Auswirkungen der familiären Erziehung auf die Berufswahlentscheidung von Jugendlichen. Ein Vergleich zwischen Deutschland und Syrien. Dissertation Universität Leipzig 2010

Amnesty International (Hrsg.) (2014): Menschenrechtsverletzungen im Blick. Amnesty Briefmarathon. In: www.amnesty.de/files/im_Blick.pdf, 28.04.2016

Andresen, C., Haase, B. (2015): Von der Leyen hilft jungem Flüchtling. Hannoversche Allgemeine Zeitung 21.12.2015, 1

Arbeitsagentur (Hrsg.) (2016): Der Arbeitsmarkt im Dezember 2015: Gute Entwicklung auch am Jahresende. Presseinfo 001. In: www.arbeitsagentur.de/web/content/DE/Presse/Presseinformationen/ArbeitsundAusbildungsmarkt/Detail/index.htm?dfContentId=L6019022DSTBAI802032, 05.01.2016

Arbeitsagentur (Hrsg.) (2016): Statistik. (www.statistik.arbeitsagentur.de, 19.04.2016)

Asci, M. (2012): Evaluation – zwischen Selbstwahrnehmung und Fremdwahrnehmung. In: PerspektivenVielfalt, LebensWelt gGmbH (Hrsg.), Berlin, 11–16

BAG LJÄ. Bundesarbeitsgemeinschaft Landesjugendämter (Hrsg.) (2015): Qualitätsmaßstäbe und Gelingensfaktoren für die Hilfeplanung gemäß § 34 SGB VIII, Mainz

BAG LJÄ. Bundesarbeitsgemeinschaft Landesjugendämter (Hrsg.) (2014): Handlungsempfehlungen zum Umgang mit unbegleiteten minderjährigen Flüchtlingen. Inobhutnahme, Clearingverfahren und Einleitung von Anschlussmaßnahmen. Mainz

BAMF. Bundesamt für Migration und Flüchtlinge (Hrsg.) (2015): Das Bundesamt in Zahlen 2014. Asyl, Migration, Integration. Nürnberg

BAMF. Bundesamt für Migration und Flüchtlinge (Hrsg.) (2016): FAQ. In: www.bamf.de/DE/Infothek/FragenAntworten/ZugangArbeitFluechtlinge/zugang-arbeit-fluechtlinge-node.html, 19.04.2016

Literatur

Barth, S., Meneses, V. G. (2012): Zugang jugendlicher Asylsuchender zu formellen Bildungssystemen in Deutschland. Zwischen Kompetenzen und strukturellen Problemlagen. Institut für Soziale Infrastruktur (ISIS), Frankfurt am Main

Bayerisches Kultusministerium (Hrsg.) (2013): „Wir fördern junge Flüchtlinge und Asylbewerber möglichst ab ihrer Ankunft"- Bayern Ansatz in KMK als Vorbild gewürdigt. Pressemitteilung 167 vom 27.6.2013

Bayerisches Staatsministerium für Arbeit und Soziales, Familie und Integration (Hrsg.) (2015): Grundausrichtung der Angebotsgestaltung für unbegleitete Minderjährige. Juli 2015. In: www.inobhutnahme-bayern.de/download/fachliche_standards.pdf, 09.05.2016

BDA. Bundesvereinigung der Deutschen Arbeitgeberverbände (Hrsg.) (2015): Positionspapier Arbeitsmarktpotenziale von Asylsuchenden und Geduldeten zukunftsorientiert nutzen. In: www.arbeitgeber.de/www/arbeitgeber.nsf/res/Popa-zum-Arbeitsmarktzugang-von-Asylbewerbern.pdf/$file/Popa-zum-Arbeitsmarktzugang-von-Asylbewerbern.pdf, 19.04.2016

Beicht, U., Gei, J. (2015): Ausbildungschancen junger Migranten und Migrantinnen unterschiedlicher Herkunftsregionen. In: Bundesinstitut für Berufsbildung (Hrsg.): BIBB REPORT, 9 (3), 1ff

Berthold, T., Espenhorst, N., Rieger, U. (2011): Eine erste Bestandsaufnahme der Inobhutnahme und Versorgung von unbegleiteten Minderjährigen in Deutschland (Teil 2). Dialog Erziehungshilfe 4/2011, 31−37

Berwian, U. (2007): (Besser) Deutsch lernen mit dem Internet. Möglichkeiten und Grenzen. Hilfen und Tipps für die Praxis. In: Deutsch für Flüchtlinge. Praxishilfen. Augsburg, München, Saarbrücken. In: www.equal-sepa.de/material/Produkte/start_Praxishilfen.htm, 19.04.2016

Bischöfliches Ordinariat der Diözese Rottenburg-Stuttgart (Hrsg.) (2015): Krisenseelsorge: Umgang mit Tod und Trauer. In: www.schulpastoral.drs.de, 19.04.2016

Blumenberg, F-J. (2003): In: Was wirklich hilft... Die richtige Hilfe zur richtigen Zeit für schwierige Menschen, AFET-Veröffentlichung Nr. 61

BMBF. Bundesministerium für Bildung und Forschung (Hrsg.) (2015): Berufsbildungsbericht 4−2015, Bonn

BMFSFJ. Bundesministerium für Familie, Senioren, Frauen und Jugend (Hrsg.) (2015): Entwurf eines Gesetzes zur Verbesserung der Unterbringung, Versorgung und Betreuung ausländischer Kinder und Jugendlicher. In: www.bmfsfj.de, 19.04.2016

BMFSFJ. Bundesministerium für Familie, Senioren, Frauen und Jugend (Hrsg.) (2014): Übereinkommen über die Rechte des Kindes. UN-Kinderrechtskonvention. 5. Aufl. Berlin

BMFSFJ. Bundesministerium für Familie, Senioren, Frauen und Jugend (Hrsg.) (2013): 14. Kinder- und Jugendbericht. Bericht über die Lebenssituation junger Menschen und die Leistungen der Kinder und Jugendhilfe in Deutschland, Drucksache 17/12200, Deutscher Bundestag, 17. Wahlperiode

Bolten, J. (2012): Interkulturelle Kompetenz. 5. erg. und aktual. Aufl. Landeszentrale für politische Bildung, Thüringen, In: www.ikkompetenz.thueringen.de/downloads/1210Bolten_Ik_Kompetenz_Vorversion_5Aufl.pdf, 19.04.2016

Borowski, H-G. (2015): Flüchtlinge in Leichlingen: Traumatisierte Jugendliche vor ungewisser Zukunft. Leverkusener Anzeiger, 12.11.2015

Boufeljah, N. (2015): Musik als Bewältigungsstrategie und ihr Potential für das Erinnern, Erleben und Vorstellen. In: Burkhardt-Mußmann, C. (Hrsg.): Räume, die Halt geben. Psychoanalytische Frühprävention von Migrantinnen und ihren Kleinkindern. Brandes & Apsel, Frankfurt am Main

bpb. Bundeszentrale für Politische Bildung (Hrsg.) (2014): Salafismus als Herausforderung für Demokratie und politische Bildung, 30.06.2014. In: www.bpb.de/186663/die-szene-in-deutschland, 19.04.2016

BPtK. Bundespsychotherapeutenkammer (Hrsg.) (2015): BPtK-Standpunkt Psychische Erkrankungen bei Flüchtlingen. In: www.bptk.de/uploads/media/20150916_BPtK-Standpunkt_psychische_Erkrankungen_bei_Fluechtlingen.pdf. 19.04.2016

Brech, S. M. (2015): Wenn die 14-jährige Ehefrau Asyl beantragt. 09.10.2015. In: www.welt.de/vermischtes/article147421999/Wenn-die-14-jaehrige-Ehefrau-Asyl-beantragt.html, 19.04.2016

Breithecker, R. (2011): Abschlussbericht Förderung der schulischen Bildung für unbegleitete minderjährige Flüchtlinge. In: www.heimstiftung-karlsruhe.de/95 – 0-Foerderprojekte-des-Europaeischen-Fluechtlingsfonds-EFF.html, 19.04.2016

Brinks, S., Dittmann, E., Müller, H. (2014): Unbegleitete minderjährige Flüchtlinge: Was wissen wir und wie ist die Kinder- und Jugendhilfe aufgestellt? In: Migration und Soziale Arbeit 36 (4), Verlag Julius Beltz, Weinheim, 300 – 306

Brot für die Welt (Hrsg.) (2016): Die Würde des Menschen steht über allem. Kampagne von Brot für die Welt. In: www.brot-fuer-die-welt.de/so-helfen-sie/wuerde/uebersicht.html, 03.03.2016

Brücker, H., Hauptmann A., Vallizadeh, E. (2015): Flüchtlinge und andere Migranten am deutschen Arbeitsmarkt: Der Stand im September 2015. Aktuelle Berichte 14/2015, Institut für Arbeitsmarkt- und Berufsforschung (IAB). In: http://doku.iab.de/aktuell/2015/aktueller_bericht_1514.pdf, 09.05.2016

Buck, T. (2015): Geschäftsbericht 2015. RWL — Ev. Fachverband für erzieherische Hilfen

Literatur

B-UMF. Bundesfachverband Unbegleitete minderjährige Flüchtlinge e. V. (Hrsg.) (2016a): Zahlen zu unbegleiteten minderjährigen Flüchtlingen: Bestand, Verteilung, Quotenerfüllung und Elternnachzug. Presseerklärung 29.01.2016

B-UMF. Bundesfachverband Unbegleitete minderjährige Flüchtlinge e. V. (2016 b): Newsletter Sep. 2016. Zahl der jungen Flüchtlinge in der Jugendhilfe sinkt. In: www.b-umf.de, 24.11.2016

B-UMF. Bundesfachverband Unbegleitete minderjährige Flüchtlinge e. V. (Hrsg.) (2015): Inobhutnahmen von unbegleiteten Minderjährigen im Jahr 2014. Auswertung der Erhebung des Bundesfachverband UMF. In: www.b-umf.de/images/inobhutnahmen-2015-web.pdf, 19.04.2016

B-UMF. Bundesfachverband Unbegleitete minderjährige Flüchtlinge e. V. (Hrsg.) (2011): Partizipation in der Kinder- und Jugendhilfe. In: www.b-umf.de/de/projekte/partizipation-in-der-stationaeren-kinder-und-jugendhilfe, 19.04.2016

Bundesamt für Migration und Flüchtlinge (Hrsg.) (2015): Das Bundesamt in Zahlen 2013. Asyl, Migration und Integration, Nürnberg

Bundesarbeitsgemeinschaft Traumapädagogik (Hrsg.) (2011): Positionspapier der BAG Traumapädagogik. Standards für traumapädagogische Konzepte in der stationären Kinder- und Jugendhilfe. Mainz

Bundesgesetzblatt (2015): Gesetz zur Verbesserung der Unterbringung, Versorgung und Betreuung ausländischer Kinder und Jugendlicher. 1802 – 1806 Teil I Nr. 43, ausgegeben zu Bonn am 30. Oktober 2015

Bürgerschaft der Freien und Hansestadt Hamburg (2015): Kleine Anfrage an die Bürgerschaft der Freien und Hansestadt Hamburg durch die CDU, 28.04.2015, Drucksache 21/328

Burkart-Sodonougbo, A. (2007): Flüchtlingsspezifisch?! Empowerment durch Sprache. In: Deutsch für Flüchtlinge. Praxishilfen, 16 – 21, Augsburg, München, Saarbrücken

DEGPT. Deutschsprachige Gesellschaft für Psychotraumatalogie (Hrsg.) (o. J.): Was ist posttraumatischer Stress und wie entstehen Traumafolgestörungen? In: www.degpt.de/informationen/fuer-betroffene/trauma-und-traumafolgen/posttraumatische-beschwerden.html, 19.04.2016

Deiß, M. (2015): Psychische Erkrankungen nach Kriegserlebnissen. Seelische Verletzungen heilen. Interview mit Walter de Milas und Sanja Hodzic. In: www.tagesschau.de/inland/fluechtlinge-1327.html, 19.04.2016

DGKJP. Deutsche Gesellschaft für Kinder- und Jugendpsychiatrie, Psychosomatik und Psychotherapie (Hrsg.) (2015): Gemeinsame Stellungnahme zu Methoden der Altersfeststellung bei unbegleiteten minderjährigen Flüchtlingen. Berlin, 02.11.2015. In: www.dgkjp.de/aktuelles1/337-altersfeststellung, 19.04.2016

Diakonieverbund Schweicheln e. V. (Hrsg.) (2015): Angekommen in Deutschland. Geschäftsbericht 2014/2015

Diehl, J. (2016): Gewaltwelle: BKA zählt mehr als 1000 Attacken auf Flüchtlingsheime. In: Spiegel online (Hrsg.): www.spiegel.de/politik/deutschland/fluechtlingsheime-bundeskriminalamt-zaehlt-mehr-als-1000-attacken-a-1074448. html, 19.04.2016

Dürr, F. (2015): Befragung syrischer Flüchtlinge in Deutschland – Hintergründe. In: www.adoptrevolution.org/hintergrund-befragung, 19.04.2016

Dusold, A., Nummer, J., Winkler, S. (2014): Ein Interview zum Thema Unbegleitete minderjährige Flüchtlinge im Caritas-Kinder- und Jugendhaus Stapf in Nürnberg. Pädagogischer Rundbrief 1+2, 11–15

Espenhorst, N. (2014): Wir zählen nicht! – Unbegleitete minderjährige Flüchtlinge sind kein Thema der Jugendhilfestatistik. Migration und Soziale Arbeit 36 (4), Verlag Julius Beltz, Weinheim, 292–299

Esser, K., Knab, E. (2012): Resilienz stärken, Ressourcen erweitern, Bindung ermöglichen. Heilpädagogik, 2, 6–10

Fendrich, S., Pothmann, J., Tabel, A. (2014): Monitor Hilfen zur Erziehung 2014. Arbeitsstelle Kinder- und Jugendhilfestatistik, Dortmund

FAZ.net. (Hrsg.) (2016): Fast 5000 Flüchtlingskinder in Deutschland als vermisst gemeldet. In: www.faz.net/aktuell/politik/fluechtlingskrise/deutschland-vermisst-viele-minderjaehrige-fluechtlinge-14049305.html, 19.04.2016

Fesenmeier, K-H. (2016): Von der Teestube in den Tod. In: www.badische-zeitung.de/ausland-1/von-der-teestube-in-den-tod--101583792.html, 19.04.2016

Förster, Heinz von (o. J.): In: www.mikula-kurt.net/app/download/8317662/Lebensweisheiten.pdf, 24.04.2016

Freie und Hansestadt Hamburg, Amt für Jugend (Hrsg.) (2001): Arbeitshilfe zur Hilfeplanung nach § 36 KJHG/SGB VIII, Votum Verlag, Münster

Freie Wohlfahrtspflege Bayern (Hrsg.) (2014): Statement zur „Weiterentwicklung der bayerischen Asylpolitik" am 10.04.2014 im Bayerischen Landtag. In: www.fluechtlingsrat-bayern.de/tl_files/Landtagsanhoerung_2014/14-04-10_Freie_Wohlfahrtspflege.pdf, 23.05.2016

Freie Wohlfahrtspflege Bayern und LAG Jugendsozialarbeit Bayern (Hrsg.) (2015): Versorgung junger volljähriger Flüchtlinge im Rahmen des § 41 SGB VIII – Position der Freien Wohlfahrtspflege Bayern und der LAG Jugendsozialarbeit Bayern. In: www.caritas-bayern.de/cms/contents/caritas-bayern.de/medien/dokumente/15-11-25-positionspa/15-11-25_positionspapier_versorgung_junger_volljaehriger_fluechtlinge_freie_wohlfahrtspflege_lagjsa.pdf?d=a, 23.05.2016

Garleitner, S. B. (2012): Traumapädagogik. Ein psychosozialer Ansatz in der Arbeit mit traumatisierten Kindern und Jugendlichen. In: Soziale Arbeit 61 (4), 122–130

Gravelmann, R. (2015a): Im Interview mit Bertold, M., Serdani, M.: Alltag in einer Erstversorgungseinrichtung für unbegleitete minderjährige Flüchtlinge. Dialog Erziehungshilfe 3/2015, 18–20

Gravelmann, R. (2015b): Die Systemfrage – „Schwierige" Kinder und Jugendliche in den Systemen von Jugendhilfe und Kinder- und Jugendpsychiatrie. Dialog Erziehungshilfe 3/2015, 41–44

Hagen, T. (2011): Endlich ein Leben ohne Krieg und Terror. In: Herforder Zeitung 16.08.2011

Hahn, D. (2014): Der Kindertreck in die USA. In: taz. Die Tageszeitung. 08.07.2014, 1

Haltaufderheide, I. (2016): Attentäter lebte in Pflegefamilie: „Nicht erkennbar, dass er zu so etwas fähig ist". In: www.Focus-online.de, 24.11.2016

Han-Broich, M. (2014): Flüchtlings- und Migrantenintegration: eine ganzheitliche Integrationstheorie und eine erfolgversprechende Integrationsarbeit. Migration und Soziale Arbeit 36 (4), Verlag Julius Beltz, Weinheim, 350–356

Hargasser, B. (2014): Unbegleitete minderjährige Flüchtlinge. Sequentielle Traumatisierungsprozesse und die Aufgaben der Jugendhilfe. Brandes & Apsel, Frankfurt am Main

Hartig, S., Wolff, M. (2006): Beteiligung – Qualitätsstandards für Kinder und Jugendliche in der Heimerziehung. Abschlussbericht eines Entwicklungsprojekts zur Gewährung und zum Ausbau der Beteiligungsrechte von Kindern und Jugendlichen in der Heimerziehung. Landshut

Hauschild, J. (2015): Misshandelte Kinder: Wie Gewalt in die Familie kommt. In: www.spiegel.de/wissenschaft/mensch/misshandelte-kinder-das-klischee- von-opfer-und-taeter-a-1025878.html, 19.04.2015

Hennig, C. : In: www.mikula-kurt.net/app/download/8317662/Lebensweisheiten.pdf, 24.04.2016

Herder, D., Riefenstahl, J. (2015): Stadt Hamburg beschäftigte Islamisten als MUFL-Betreuer. Hamburger Abendblatt. In: www.abendblatt.de, 19.04.2016

Hummitzsch, T. (2014): Diskriminierung von Migranten auf dem Ausbildungs- und Arbeitsmarkt. In: Netzwerk Migration in Europa e. V. (Hrsg.): Migration und Bevölkerung. 3/2014.

Jehles, N., Pothmann, J. (2015): Beschleunigter Anstieg der Inobhutnahmen − vor allem aufgrund unbegleiteter minderjähriger Flüchtlinge. In: Komdat Kommentierte Daten der Kinder- und Jugendhilfe, 2/2015, 12−15

JFMK. Jugend- und Familienministerkonferenz (Hrsg.) (2015): Beschluss 21./22. Mai 2015 in Perl. Top 5.3, Umsetzung des Schutz- und Hilfeauftrags der Jugendhilfe bei unbegleiteten ausländischen Minderjährigen sicherstellen. In: www.jfmk.de/pub2015/TOP_5.3.pdf, 19.04.2016

Jordan, S. (1999): Unbegleitete minderjährige Flüchtlinge in der Bundesrepublik Deutschland − eine explorative Studie ihrer pädagogischen Versorgung. Dissertation Universität Hannover

Kabis-Alamba, V. (2000): MultiCOOLti − Das Ende der kulturalistischen Sichtweisen in der interkulturellen Jugendarbeit. In: Arbeitsgemeinschaft für Jugendhilfe e. V. − AGJ (Hrsg.): Interkulturelle Jugendhilfe in Deutschland. Deutscher Jugendhilfepreis 2000 − Hermine-Albers-Preis, Bonn, 20−44

Karstens, C., Voigt, C. (2015): Handreichung. Der Zugang zur Berufsausbildung und den Leistungen der Ausbildungsförderung für junge Flüchtlinge und junge Neuzugewanderte. Der Paritätische Gesamtverband, 05.02.2016

Kohlbach, C. (2015): Forschungsbericht der Studie zum Umgang mit unbegleiteten minderjährigen Flüchtlingen in Baden-Württemberg. Der Paritätische Baden-Württemberg

Kösterke, S., Piper, A., Tüllmann, M. (2015): Lebenswelt entdecken. Religions- und kultursensibel arbeiten in der Jugendhilfe. Stiftung das Rauhe Haus. In: www.rauheshaus.de/fileadmin/user_upload/downloads/Rauheshaus/KJH_RKS-Broschuere.pdf, 19.04.2016

Kratochwil, G. (2004): Business Etiquette. In: www.cross-cultures.de/pdf/Business_Etiquette_Arab_web.pdf., 19.04.2016

Kurz-Adam, M. (2015): Wie zuwanderungsfest ist (wird) die Kinder- und Jugendhilfe oder: Wie sich Soziale Arbeit in der Flüchtlingsarbeit neu erfinden muss. Dialog Erziehungshilfe 1/2015, 19−22

Kutscher, N., Kreß, L.-M. (2015): „Internet ist gleich mit Essen". Empirische Studie zur Nutzung digitaler Medien durch unbegleitete minderjährige Flüchtlinge. In: http://bit.ly/1OAnwtI

Kutter, K. (2016): Jugendhilfe zweiter Klasse. In: Die Tageszeitung. In: http://www.taz.de/!5352417/, 02.12.2016

Kwasniewski, N. (2015): Qualifizierung von Flüchtlingen: DGB will staatliches Ausbildungsprogramm. In: www.spiegel.de/wirtschaft/soziales/dgb-will-staatliches-ausbildungsprogramm-fuer-fluechtlinge-a-1069638.html, 19.04.2016

LAG Jugendsozialarbeit Bayern (Hrsg.) (2015): Unbegleitete (minderjährige) Flüchtlinge. Jugendwohnen bietet Chancen und hat Grenzen. In: www.caritas-bayern.de/unsere-themen/kinder-und-jugendhilfe/jugendsozialarbeit/jugendsozialarbeit, 19.04.2016

LEB-Landesbetrieb Erziehung und Beratung (Hrsg.) (2015): Unbegleitete minderjährige Flüchtlinge — Inobhutnahme und Erstversorgung im Landesbetrieb Erziehung und Beratung. LEB-Zeit, Informationsblatt vom Landesbetrieb Erziehung und Beratung, 1+4

Leipold, F. (2016): Ein heißes Eisen — wie schmiedet es das Jugendamt Kempen? In: www.politische-bildung-schwaben.net/2015/02/ein-heisses-eisen-wie-schmiedet-es-das-jugendamt-kempten, 19.04.2016

Lorenz, K. (o. J.): In: http://gutezitate.com/zitat/202617, 28.04.2016

Magistrat der Universitätsstadt Marburg (Hrsg.) (2015): Marburger Standards 01.10.2015. Begrüßungs- und Wertschätzungskultur für unbegleitete minderjährige Flüchtlinge

Markert, G., Heidger, T., Vogel-Hürter, C. (2014): Wie kann dolmetschergestützte Psychotherapie im interkulturellen Kontext gelingen? — Ein Leitfaden. Koordinierungsstelle für die interkulturelle Öffnung des Gesundheitssystems. In: Caritasverband Rhein-Mosel-Ahr e. V. (Hrsg.): TERRA Psychosoziales Zentrum für Flüchtlinge.

MIFKJF. Ministerium für Integration, Familie, Kinder, Jugend und Frauen Rheinland-Pfalz (Hrsg.) (2015): Fragen und Antworten zum Thema Flüchtlinge. In: www.mifkjf.de, 19.04.2016

Möller, B., Adam, H. (2009): Jenseits des Traumas: die Bedeutung von (schulischer) Bildung aus psychologischer und psychotherapeutischer Perspektive. In : Krappmann, L. (Hrsg.): Bildung für junge Flüchtlinge — ein Menschenrecht: Erfahrungen, Grundlagen und Perspektiven. Bertelsmann, Bielefeld, 83—98

Möller, K. (2012): Antisemitismus in Deutschland. deutsche jugend, 60 (12), 519—526

Müller, A. (2014): Working Paper 60, Bundesamt für Migration und Flüchtlinge

Müller, H. (2014): Unbegleitete minderjährige Flüchtlinge und die Kinder- und Jugendhilfe. Pädagogische Herausforderungen und was wir daraus für die Kinder- und Jugendhilfe lernen können? Powerpointvortrag beim Dt. Kinder- und Jugendhilfetag 03.06.2014. In: www.igfh.de/cms/sites/default/files/UMF-M%C3 %BCller_0.pdf., 19.04.2016

Müller, K.-D. (2016): Junge Flüchtlinge. Vortragsmitschrift im Rahmen der Tagung: Junge Volljährige suchen (Aus)Wege, Powerpointpräsentation. In: www.afet-ev.de/Tagungsdokumentation/FT-150115-Junge-Volljaehrige/2016-1501-ForumII-Mueller-Junge-Fluechtlinge.pdf, 19.04.2016

Müller, K.-D. (2014): Erstversorgung 4. Eine Einrichtung mit besonderer Aufgabenstellung, LEB-Zeit, 31 (4)

NDR.de (2016): Flüchtlingsunterkunft in Rostock nach Protesten aufgelöst. In: www.ndr.de/nachrichten/mecklenburg-vorpommern/Fluechtlingsstaette-in-Rostock-nach-Protesten-aufgeloest,rostock898.html, 24.11.2016

Nds. Kultusministerium (Hrsg.) (2015): Niedersachsen startet neues Sprach- und Integrationsprojekt für junge Flüchtlinge in berufsbildenden Schulen – Heiligenstadt: „Ein niederschwelliges Angebot mit hohem Praxis- und Alltagsbezug" In: www.mk.niedersachsen.de/portal/live.php?navigation_id=1820&article_id=138510&_psmand=8, 29.01.2016

Nds. Landesamt für Soziales, Jugend und Familie (Hrsg.) (2013): Handreichung Aufbau von Kompetenzen einer selbstständigen Lebensführung im Rahmen der Hilfen zur Erziehung der §§ 27ff. und der Hilfe für junge Volljährige nach § 41

Neumann, C. (2015): Sprung aus dem Fenster. Der Spiegel 9/2015, 40–41

Noske, B. (2015): Die Zukunft im Blick. Die Notwendigkeit für unbegleitete minderjährige Flüchtlinge Perspektiven zu schaffen. Bundesfachverband Unbegleitete Minderjährige Flüchtlinge, Berlin

Paritätischer Wohlfahrtsverband Berlin e. V. (Hrsg.) (2013): Beteiligung von Jugendlichen in den ambulanten sozialpädagogischen Erziehungshilfen. In: www.jugendhilfe-bewegt-berlin.de/uploads/media/ASE_final_130920.pdf, 19.04.2016

Parusel, B. (2015): Unbegleitete Minderjährige auf der Flucht. Aus Politik und Zeitgeschichte APUZ 25/2015, 31–38

Parusel, B. (2010): Europäische und nationale Formen der Schutzgewährung. Studie II/2009 im Rahmen des europäischen Migrationsnetzwerkes (EMN). Working Paper 30 der Nationalen Kontaktstelle des EMN und der Forschungsgruppe des Bundesamtes

Parusel, B. (2009): Unbegleitete minderjährige Migranten in Deutschland. Aufnahme, Rückkehr und Integration, BAMF Working Paper 26/2009

Pfeiffer, C., Wetzels, P. (2000): Junge Türken als Täter und Opfer von Gewalt: Erweiterte Fassung eines Zeitungsartikels, erschienen in der FAZ am 30.04.2000. In: http://kfn.de/wp-content/uploads/Forschungsberichte/FB_81.pdf, 23.05.2016

Podlech, K. (2003): Unbegleitete minderjährige Flüchtlinge mit traumatischen Erfahrungen: Eine Herausforderung für die Soziale Arbeit. Migration und Soziale Arbeit 25 (3/4), Verlag Julius Beltz, Weinheim, 93–97

Presse- und Informationsdienst der Bundesregierung (Hrsg.) (2015): Schutz für unbegleitete Minderjährige. In: www.bundesregierung.de/Content/DE/Artikel/2015/12/2015-12-16-minderjaehrige-fluechtlinge.html, 23.05.2016

Pressestelle des Senats Bremen (Hrsg.) (2014): Konzept zum Umgang mit unbegleiteten minderjährigen Flüchtlingen/insbesondere auffälligen Jugendlichen. In: http://senatspressestelle.bremen.de/sixcms/detail.php?gsid=bremen146.c.103592.de&asl=, 23.05.2016

Psychosoziales Zentrum Düsseldorf (Hrsg.) (2009): Der Trauer einen Ort geben — 1. Dokumentation der Projektgruppe Trauerort, Düsseldorf

Reimann, A. (2016): Der Streit über Kinderehen. Darum geht es. In: www.spiegel-online, 24.11.2016

Reinhard, D. (2016): Es musste eskalieren. In: www.Zeit-online, 24.11.2016

Reisdorf, J. (2011): Sexueller Missbrauch. Aus Opfern werden oft Täter. In: www.aerztezeitung.de/panorama/article/632313/sexueller-missbrauch-opfern-oft-taeter.html, 19.04.2016

Rummelsberger Dienste für junge Menschen gemeinnützige GmbH (Hrsg.) (2014): Newsletter Ausgabe 1/2014

Sänger, R., Udolf, M. (2012): Berufsrisiken in der Traumapädagogik. Soziale Arbeit 61 (4), 142 – 149

Scheh, C. (2015): Salafisten werben Flüchtlinge an. In: www.fnp.de/lokales/frankfurt/Salafisten-werben-Fluechtlinge-an;art675,1561834, 19.04.2016

Schmölzer, G. (2003): Geschlecht und Kriminalität. Zur kriminologischen Diskussion der Frauenkriminalität. Der Bürger im Staat, 1/2003. In: www.querelles-net.de/index.php/qn/article/view/228/236, 19.04.2016

Schultz-Ünsal, F. (2009): Sprachentwicklung bei Migrantenkindern. In: Lebens-Welt gGmbH (Hrsg.): Die Bedeutung von Sprachkompetenz. Berlin, 24 – 35

Schulz, F. (2015): Der Krieg bleibt in Kopf und Körper — Traumatisierungen unbegleiteter minderjähriger Flüchtlinge und deren Folgen. In: Zeitschrift für Jugendkriminalität und Jugendhilfe (26) 4, 390 – 394

Schulz von Thun, F. (2016): Das Kommunikationsquadrat. In: www.schulz-von-thun.de/index.php?article_id=71, 19.04.2016

Schwarz, U. (2016): Rechtliche Neuerungen für UMF 2015 – 2017. In: Bundesverband unbegleitete minderjährige Flüchtlinge. (www.b-umf.de/Page-2, 19.04.2016)

Seckler, M. (2015): Aufenthaltserlaubnis für Unbegleitete Minderjährige Flüchtlinge (UMF) bis zur Beendigung der (weiterführenden) Schule/Ausbildung in Baden-Württemberg. In: http://fluechtlingsrat-bw.de/files/Dateien/Dokumente/INFOS%20-%20Asyl-%20und%20Fluechtlingspolitik%20BRD/2015-08-15 %20Paritaet%20BW%20UMF_AuslR_21_08_2015.pdf, 23.05.2016

Seibold, C. (2015): Junge Flüchtlinge in der Schule. In: Sozialmagazin 11–12/2015, 53–60

Sievers, B., Thomas, S., Zeller, M. (2014): Nach der stationären Erziehungshilfe – Care Leaver in Deutschland. In: www.uni-hildesheim.de/media/fb1/sozialpaedagogik/Forschung/care_leaver/Abschlussbericht_final_03–2014.pdf, 19.04.2016

Skivenes, M., Barn, R., Kriz, K., Pösö, T. (Hrsg.) (2015): Child Welfare Systems and Migrant Children: A Cross Country Study of Policies and Practice. New York. Oxford University Press

Stauf, E. (2012): Unbegleitete minderjährige Flüchtlinge in der Jugendhilfe. Bestandsaufnahme und Entwicklungsperspektiven in Rheinland-Pfalz. ISM Mainz

Stengel, E. (2015): Sport braucht keine Sprache. E&W Erziehung und Wissenschaft 67 (11), 42

Thimm, K. (2012): Zusammenfassendes Fazit der Untersuchung. In: LebensWelt gemeinnützige Gesellschaft für interkulturelle Jugendhilfe mbH (Hrsg.): PerspektivenVielfalt. Eine Evaluation der interkulturellen Familienhilfe des freien Trägers LebensWelt. Berlin, 110–118

Toprak, A. (2010): Integrationsunwillige Muslime? Ein Milieubericht. Lambertus-Verlag, Freiburg im Breisgau

Toprak, A., Nowacki, K. (2010): Gewaltphänomene bei männlichen, muslimischen Jugendlichen mit Migrationshintergrund und Präventionsstrategien. BMFSFJ, Berlin

Tracy, R. (2015): Spracherwerb im Einwanderungskontext. In: Migration und Soziale Arbeit, 37 (4), Verlag Julius Beltz, Weinheim, 299–305

Trotier, K., Levy, S., Twickel, C. (2015): „Was macht man mit denen?" In: Die ZEIT 22.02.2015

UNHCR. United Nations High Commissioner for Refugees (Hrsg.) (2015): Weltweit fast 60 Millionen Menschen auf der Flucht. In: www.unhcr.de/home/artikel/f31dce23af754ad07737a7806dfac4fc/weltweit-fast-60-millionen-menschen-auf-der-flucht.html, 19.04.2016

UNHCR. United Nations High Commissioner for Refugees (Hrsg.) (2011): Angekommen. In: www.youtube.com/watch?v=B3C8_Y9LBTE, 19.04.2016

UNICEF. United Nations Children's Fund (Hrsg.) (2014): Hidden in Plain Sight: A Statistical Analysis of Violence Against Children. New York

UNICEF. United Nations Children's Fund (Hrsg.) (2009): Spiele rund um die Welt. In: www.unicef.de/blob/10560/bc863992e19de55ce81c1d967e583791/ spiele-rund-um-die-welt-2009-pdf-data.pdf, 19.04.2016

Vitzthum, T. (2015): Ich erwarte Verzicht auf Vollverschleierung. Ilse Aigner im Interview. 30.11.2015. In: www.welt.de/politik/deutschland/article149415011/Ich-erwarte-Verzicht-auf-Vollverschleierung.html, 19.04.2016

Wagner, J. (2013): Ju-Ju und Menschenhandel in Nigeria. In: www.menschenhandelheute.net/2013/02/12/juju-und-menschenhandel-in-nigeria, 19.04.2016

Watzlawick, P. (2016): Axiome. In: www.paulwatzlawick.de/axiome.html, 19.04.2016

Weiser, B. (2015): Ein paar Extrastunden Deutsch reichen nicht. E&W Erziehung und Wissenschaft 1/2015, 12 – 13

Witt, A., Rassenhofer, M., Fegert, J. M., Plener, P. L. (2015): Hilfebedarf und Hilfsangebote in der Versorgung von unbegleiteten minderjährigen Flüchtlingen. In: Kindheit und Entwicklung, 24 (4), 1 – 16. Hogrefe, Göttingen

Woldin, P. (2015): So geht Hamburg mit kriminellen Flüchtlingskindern um. In: www.welt.de/regionales/hamburg/article148250607/So-geht-Hamburg-mit-kriminellen-Fluechtlingskindern-um.html, 19.04.2016

Yurtsever, M. (2009): Trauma. In: LebensWelt gGmbH (Hrsg.): Umgang mit Gewalt in der interkulturellen Jugendhilfe. Berlin, 101 – 115

Zeller, B. (2015): Auf dem Experimentierfeld. E&W-Serie „Willkommen in Deutschland". In: E & W Erziehung und Wissenschaft. Zeitschrift der Bildungsgewerkschaft GEW. 67 (12), 33 – 34

Sachregister

A
Adoleszenz 59
Agentur für Arbeit 159 –161
Altersfestsetzung 37f., 42 – 44
Altersfeststellung 43
Analphabeten 144, 150, 157
Arbeitsmarkt 31f., 150 – 165
Asyl 14, 21 – 23, 26, 46, 155
Aufenthaltsgesetz 22, 26
Aufenthaltsstatus 21, 25, 31, 152, 156, 161
Aufenthaltsverfestigung 25f., 147, 163
Aufnahmeland 26 – 29
Ausbildung 155 – 158, 162
Ausbildungsbegleitende Hilfen 156
Ausbildungsniveau 155 – 157
Ausländerrecht 23 – 26, 31

B
BAMF 14, 21f., 119, 152
Belastungsfaktoren 11 – 19, 20 – 25, 28 – 32, 59, 64f., 102 – 107, 112f., 120 – 132, 136 – 142, 150 – 159, 166
Berufliche Integration 150 – 165
Bezugspersonen 90, 102, 104, 124, 148
Bildung
–, schulische 145 – 148
–, außerschulische 148 – 150
BMFSFJ 19, 22, 24, 28, 35 – 43, 52, 85
B-UMF 27, 44, 54, 85, 86
Bundesamt für Migration s. BAMF
Bundesarbeitsgemeinschaft Landesjugendämter 34, 43, 94
Bundesfachverband Unbegleitete Minderjährige Flüchtlinge s. B-UMF
Bundesministerium für Frauen, Senioren, Familie und Jugend s. BMFSFJ

C
Clearingverfahren 41

D
Dolmetscher 67f., 70 – 72, 126f., 141
Duldung 25, 31, 152, 156, 161

E
Ehrenamt 71, 104, 115f., 122, 124, 139, 140f.
Empowerment 87, 99 – 102, 108, 125
Erwartungshaltung 31f., 152 – 154, 164 – 167
Erziehung 60, 131 – 138
Erziehungshilfefachverbände 85
Europäische Grundrechtecharta 20
Europäischer Gerichtshof 20

F
Fachkräfte 16f., 29 – 31, 38, 41f., 44 – 46, 55 – 67, 71 – 149, 153 – 165,
Fachverbände 34, 39, 48, 52, 79, 85
Familie 41, 60, 77f., 95, 131 – 138, 145
Flucht 11 – 19
Förderung der Arbeitsmarktintegration 159 – 163
Forschungsprojekte 53f., 106f.
Fortbildung 79 – 86
Freizeitpädagogik 107 – 111

G
Geduld / Ungeduld 30
Gefährdung des Kindeswohls 138 – 142
Genderaspekte 133 – 135
Geldverdienen 154f.
Gesellschaftliche Integration 28f., 145 – 163
Gesetz zur Verbesserung der Unterbringung, Versorgung und Betreuung

Sachregister

ausländischer Kinder und Jugendlicher 37–43
Gewalterfahrungen 13–15, 131f.
Gruppenzusammensetzung 49f.

H
Handlungskompetenzen 87–109
Herausforderungen 9, 46–52, 143f., 163f.
–, strukturell 46–48
–, konzeptionell 49–52, 143f
Herkunftsländer 14f.
Hilfeplanung 93–95
Hinweise für die Fachkraft 16f., 23, 25f., 27, 29, 44, 46, 51, 53f., 58–63, 65–102, 108–119, 128–131, 134f., 137f., 140–144, 147f., 152–159
Hochschulen 51–54, 158–164f.

I
Integration
–, berufliche 150–165
–, schulische 145–150
–, gescheiterte 143–145
–, gesellschaftliche 28f., 145–163
Inobhutnahme 36–46
Islam 138

J
Jobcenter 158
Jugend- und Familienminister 34
Jugendamt 37–52
Jugendsozialarbeit 53, 162
Jugendwohnen 162f.
Junge Volljährige 42, 104–107

K
Kinder- und Jugendbericht 13, 42, 73, 76, 77
Kinder- und Jugendhilfe 34–54
Kinder- und Jugendhilfeweiterentwicklungsgesetz 34
Kinder- und Jugendhilfegesetz s. Sozialgesetzbuch VIII
Kinderrechtskonvention 20, 23
Kindeswohl 21, 24, 38f., 44f
Kindeswohlgefährdung 139–143
Kollegiale Fallberatung 83
Kommunikation 67–78
Kommunikationsmodell 68
Kommunikationsmissverständnisse 67–71

Königsteiner Schlüssel 36
Konsum 29
Konzepte 48–52
Kooperation 73–75, 83
Kulturelle Aspekte 16f., 20, 28, 33, 50, 55–70, 81–83, 94, 108f., 131–138

L
Lebensgeschichten 18f., 152f.

M
Medien 75–78, 114–119, 159–161
Migration 11–19, 33, 88f.

N
Neue Medien 75–78
Netzwerke 73–75, 83
Newsletter 86
Non-verbale Kommunikation 66

P
Pädagogik 87–111
–, interkulturelle 55–73, 112–138
–, nicht-spezifische 89–111
–, spezifische 112–144
Partizipation 96–99
Patriarchale Strukturen 133–135
Perspektivwechsel 64
Pflegefamilien 52

Q
Qualifizierung 51f., 79–86

R
Rassismus 28f., 142
Reflexion 55–62, 79–86
Religion 138
Resilienz 124f., 138
Ressourcenorientierung 87, 99–102, 108, 125
Rollenverständnis 133–137
Rückkehr 31, 95, 154

S
Salafismus 141f.
Schule 145–150
Schulpflicht 146f.
Sozialgesetzbuch VIII 26, 37–44, 53, 105f., 162f.
Sozialisation 60–63, 131–138
Sportangebote 109–111
Sprache (s. a. Dolmetscher) 112–120, 161

Sportangebote 109–111
Sprache (s. a. Dolmetscher) 112 –120, 161
Sprachlernangebote 117–199
Sprach- und Kulturmittler 69f.
Standards 46–52, 89–111
Studium 158f.
Supervision 84

T
Therapie 126–131
Tipps 23, 27, 29, 30–32, 44, 62f., 65–68, 72, 74f., 77f., 80–83, 85f., 94f., 98f., 101f., 108–111, 114–119, 128–131, 133–135, 137f., 140–144, 147f., 152–163
Träger, freie 14, 47
Trauer 126–128
Traumatisierung 120–131
–, sekundäre 124
–, sequenzielle 122

U
Unbegleitete minderjährige Flüchtlinge 12, 33, 166
UMA – „unbegleitete minderjährige ausländische Kinder und Jugendliche" 12
UN-Kinderrechtskonvention 20, 23
Unterbringung 36–42, 46–52

V
Vermisste 139f.
Verselbständigung 102–107, 159
Verteilverfahren 39–43
Vormund 22, 44–46

W
Willkommen bei Freunden 28, 85
Willkommenskultur 28

Z
Zuwanderung 13–15, 35
Zuweisungsjugendamt 39–43

Die biografische Wunde

Corinna Scherwath /
Sibylle Friedrich
**Soziale und pädagogische
Arbeit bei Traumatisierung**
3., aktualisierte Auflage 2016.
237 Seiten. 5 Abb. 7 Tab.
(978-3-497-02645-6) kt

Lange wurde das Thema „Traumatisierung" in sozialen und pädagogischen Arbeitsfeldern ausgeklammert und zum psychologisch-therapeutischen Hoheitsgebiet erklärt.

Erkenntnisse aus der Trauma-, Hirn- und Bindungsforschung verdeutlichen die Notwendigkeit eines neuen traumaspezifischen Fallverstehens. SozialpädagogInnen und andere pädagogische Fachkräfte können stabilisierend und ressourcenorientiert mit traumatisierten Menschen arbeiten, die extrem belastende oder bedrohliche Situationen durchlebt haben, wie z. B. Gewalterfahrungen, Verletzungen, Verlust, Flucht.

Neben Grundlagen zu Symptomen, Risiko- und Schutzfaktoren, Handlungsleitlinien, Methoden und Tipps zum Verhalten in konkreten Situationen gibt es auch Anregungen zum Thema Selbstschutz für HelferInnen.

www.reinhardt□verlag.de

Selima trinkt kein Blubberwasser

Andrea Hendrich
Kinder mit Migrations- und Fluchterfahrung in der Kita
2016. 109 Seiten.
Mit 17 Fotos.
Innenteil farbig.
(978-3-497-02638-8) kt

Kinder mit Migrations- und Fluchthintergrund sind zuerst einmal Kinder und bringen doch zusätzliche, oft belastende Erfahrungen mit: Migration aus einem anderen Kulturkreis, Fluchterfahrung oder gar die Auseinandersetzung mit einem traumatischen Erlebnis. Dieses Buch vermittelt das notwendige Hintergrundwissen und hilfreiche Handlungsstrategien. So werden frühpädagogische Fachkräfte in ihrer professionellen Haltung gestärkt und profitieren von praktischen Tipps zu den zentralen Themen: Beziehungsaufbau, kultursensible Erziehung, Spracherwerb, Umgang mit Traumata, Resilienz, Elternarbeit, geeignete Materialien. Dabei sollten die PädagogInnen weder die angestammten Kita-Kinder und deren Familien noch sich selbst, ihr Team und eine gesunde Selbstfürsorge aus den Augen verlieren.

www.reinhardt-verlag.de

Risiken erkennen

Beate Galm / Katja Hees / Heinz Kindler
Kindesvernachlässigung – verstehen, erkennen, helfen
2. Auflage 2016. 171 Seiten.
Innenteil zweifarbig
(978-3-497-02611-1) kt

Wie kommt es zu Vernachlässigung? Wie schätzt man als Fachkraft die Gefahr für das Kind richtig ein? Unter welchen Folgen leiden die Kinder bei Vernachlässigung – oft ein Leben lang? Wie schauen die Familien aus, in denen vernachlässigte Kinder leben? Wie geht man mit den oft hochbelasteten Familien um? Welche frühen Hilfen bieten sich an?

Die Autoren geben Antworten auf all diese Fragen und vermitteln anhand von Fallbeispielen einen Eindruck, wie sich Vernachlässigung in der Praxis zeigt.

ℰ reinhardt
www.reinhardt☐verlag.de

Hilfe, mir wird geholfen!

Wolfgang Klug /
Patrick Zobrist
Motivierte Klienten trotz Zwangskontext
Tools für die Soziale Arbeit
2. aktual. Auflage 2016.
168 Seiten. 4 Abb. 5 Tab.
Mit 20 Arbeitsblättern als Online-Zusatzmaterial.
(978-3-497-02593-0) kt

„Sie können mir doch eh nicht helfen!" Solchen Aussagen und Haltungen begegnen SozialarbeiterInnen, wenn sie mit unfreiwilligen KlientInnen arbeiten. In Zwangskontexten kann Motivation nicht vorausgesetzt werden, aber SozialarbeiterInnen können sie fördern!

Wie entsteht Motivation und wie kann sie verändert werden? Wie kann die Fachkraft-Klient-Beziehung motivationsfördernd gestaltet werden? Und wie geht man mit Widerstand professionell um? Auf die Grundlagen folgt ein umfangreiches Manual mit 15 Interventionsanleitungen für die konkrete Arbeit mit den KlientInnen.

Online: 26 Arbeitsblätter zum Downloaden und Ausdrucken!

www.reinhardt-verlag.de

SGB VIII verständlich erklärt – jetzt in 4. Auflage!

Reinhard J. Wabnitz
Grundkurs Kinder- und Jugendhilferecht für die Soziale Arbeit
4., überarbeitete Auflage 2015.
182 Seiten. 3 Tab.
Mit 62 Übersichten, 3 Tabellen, 14 Fallbeispielen und Musterlösungen
utb-S (978-3-8252-4520-7) kt

Der „Grundkurs Kinder- und Jugendhilferecht für die Soziale Arbeit" vermittelt die elementaren Kenntnisse des Kinder- und Jugendhilferechts. Er gibt Studierenden einen Überblick über die rechtlichen Regelungen im SGB VIII, die Leistungen und anderen Aufgaben in der Kinder- und Jugendhilfe sowie über deren Trägerstrukturen und Behörden. Behandelt werden die vielfältigen Hilfs- und Förderangebote, unter anderem Jugendarbeit, Jugendsozialarbeit, Kindertagesstätten, Hilfen zur Erziehung, Beratungsdienste und Schutzaufgaben zu Gunsten von Kindern und Jugendlichen.

Mit zahlreichen Übersichten, Prüfungsfragen, Fallbeispielen und Musterlösungen.

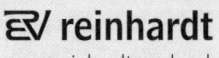
www.reinhardt□verlag.de

Engagement fördern

Vera Birtsch / Sabine Behn / Gabriele Bindel-Kögel (Hg.)
Freiwilligenarbeit gestalten
Anregungen für die ehrenamtliche Arbeit mit Kindern, Jugendlichen und ihren Familien
2014. 240 Seiten. 6 Abb. 1 Tab.
(978-3-497-02445-2) kt

Wie können freiwillig Engagierte optimal begleitet und gefördert und die Potentiale der Freiwilligenarbeit ausgeschöpft werden? Mit detaillierten Praxisbeschreibungen führt das Buch in unterschiedliche Projekte der Freiwilligenarbeit ein. Der Fokus liegt dabei auf der Arbeit mit Kindern, Jugendlichen und ihren Familien. Die Bandbreite der Projekte erstreckt sich von ersten Hilfen nach der Geburt bis hin zu bürgerschaftlichem Engagement beim Übergang von der Schule in die Ausbildung.

Zu den biografischen Phasen – vor, während und am Ende der Schulzeit – gibt es kompaktes Grundlagenwissen und praktisches Know-how. Besonderes Augenmerk liegt auf Kindern mit Migrationshintergrund, aber auch auf dem Entwicklungspotenzial von Freiwilligen mit Migrationsgeschichte.

www.reinhardt-verlag.de

Beschweren erlaubt

Ulrike Urban-Stahl / Nina Jann
Beschwerdeverfahren in Einrichtungen der Kinder- und Jugendhilfe
Mit Materialbeispielen und Online-Materialien.
2014. 110 Seiten.
(978-3-497-02447-6) kt

Kinder und Jugendliche, die in pädagogischen Einrichtungen leben, sollen an der Gestaltung ihres Alltags mitwirken dürfen und sich bei Sorgen oder Kritik beschweren können. Viele Einrichtungen stehen vor der Aufgabe, Beschwerdeverfahren zu entwickeln und mit Leben zu füllen.

Dieses Buch stellt verschiedene Beschwerdeverfahren vor und bietet Unterstützung für die erfolgreiche Einführung in unterschiedlichen Einrichtungen. Fallbeispiele zeigen, wie durch ein gelungenes Beschwerdeverfahren die Rechte der Kinder und Jugendlichen gestärkt werden. Hinweise zu wichtigen Implementierungsschritten und Lösungsansätze für die typischen Stolpersteine helfen auf dem Weg zum individuellen und gelungenen Entwicklungsprozess.

www.reinhardt-verlag.de

Die Kunst des Helfens

Institut für Sozialarbeit und
Sozialpädagogik e.V. (ISS) (Hg.)
**Vernachlässigte Kinder
besser schützen**
Sozialpädagogisches Handeln
bei Kindeswohlgefährdung
2., überarb. u. ergänzte Auflage
2012. 188 Seiten. 7 Abb. 7 Tab.
(978-3-497-02327-1) kt

Wenn Kinder schwer misshandelt werden oder wegen grober Vernachlässigung sogar sterben, sind wir schockiert und fragen: Wie hätte dieses Kind gerettet werden können? Was muss in der sozialen Praxis der Jugendämter beachtet werden, damit das Wohl eines Kindes geschützt wird? Die unterschiedlichen Aspekte dieses Handelns untersuchen ausgewiesene Experten in diesem Lehrbuch: Sie klären über den rechtlichen Rahmen auf, zeichnen ein fachliches Profil und skizzieren die notwendige Organisationsstruktur bei Krisenintervention.

Die 2. Auflage wurde überarbeitet und ergänzt – ein handlungsorientiertes Lehrbuch zu den Regeln der Kunst im Umgang mit Vernachlässigung!

www.reinhardt-verlag.de

Der praxisnahe Begleiter

Inghard Langer / Stefan Langer
Jugendliche begleiten und beraten
(Personzentrierte Beratung & Therapie; 1)
2., durchges. Auflage 2011.
155 Seiten. 9 Abb. 4 Tab.
(978-3-497-02269-4) kt

Nicht mehr Kind und noch nicht erwachsen – viele Erfahrungen und Konflikte können in der Pubertät ernsthafte Krisen auslösen. Depression, Risikoverhalten, Gewalt können entstehen, wenn Jugendliche die entwicklungsbedingten Lebensaufgaben nicht mehr angemessen bewältigen. Der Personzentrierte Ansatz weist den Weg, wie man Jugendliche in Krisensituationen verständnisvoll und einfühlsam berät und begleitet.

Ein hilfreicher Leitfaden für alle, die in der psychosozialen Jugendarbeit tätig sind.

ℝ∕ reinhardt
www.reinhardt-verlag.de